Vincent Albouy

Le jardin médicinal Pas à Pas

Soignez-vous avec les produits de votre jardin !

Édisud

Dans la même collection

L'olivier pas à pas par Robert Ledrole
Le bonsaï pas à pas par Benoît Grandjean
La haie méditerranéenne pas à pas par Daniel Croci, Denis Fraisier, Serge Schall
Le bio-jardin pas à pas par Serge Schall
Le potager pas à pas par Jean-Paul Collaert
Le palmier pas à pas par Pierre-Olivier Albano
La rose pas à pas par Jean-Paul Collaert
Le figuier pas à pas par Pierre Baud
Découvrez les bananiers pas à pas par Pierre-Olivier Albano
Les bambous pas à pas par Yves et Simon Crouzet
Les yuccas, agaves et aloès pas à pas par Pierre-Olivier Albano
Découvrez les bisannuelles pas à pas par Brigitte Lapouge-Dejean
Buis et ifs pas à pas par Philippe Ferret
Plantes grimpantes pas à pas par Serge Schall
Graminées ornementales pas à pas par Philippe Ferret
Mimosas et Acacias pas à pas par Gérard Cavatore

Édisud, un éditeur de la Compagnie des éditions de la Lesse
Aix-en-Provence – France
Tél. 04 42 21 61 44/Fax 04 42 21 56 20
www.edisud.com – e. mail : info@edisud.com

ISBN 978-2-7449-0734-0

Introduction

À cause du déficit de la Sécurité Sociale, le ministère de la Santé vient de découvrir subitement les vertus de l'automédication. Après plus d'un siècle de discours dépréciant les « recettes de bonne femme » traditionnelles, il est enfin reconnu que chacun peut utilement prendre en partie en charge sa propre santé.

Autrefois, les gens étaient souvent leur propre médecin par nécessité, et ils tiraient leurs médicaments du milieu environnant, principalement des plantes. Les recettes se transmettaient d'une génération à l'autre, et beaucoup ont fait preuve de leur utilité. Bien des médicaments actuels sont tirés de plantes utilisées depuis des siècles. L'aspirine, extraite à l'origine des fleurs de reine-des-prés, en est l'exemple le plus célèbre.

Ce savoir ancien, mis à jour par les phytothérapeutes actuels, vous pouvez l'utiliser en puisant dans votre jardin. Les légumes, les fleurs et même les herbes folles constituent une pharmacie naturelle capable par exemple de soigner une fièvre ou un début de rhume comme de soulager une brûlure.

Au jardin médicinal, toutes les plantes sont les bienvenues pour leurs vertus soignantes, herbes folles comme l'ortie, fleurs décoratives comme la rose ou culture alimentaire comme la vigne.

Se soigner par les plantes

Les services de la santé publique de notre pays font peu de cas des plantes médicinales. Leur politique tend depuis longtemps à exclure la phytothérapie des pratiques officielles. La suppression du diplôme d'herboriste par le gouvernement du maréchal Pétain, comme la liste très limitative des plantes pouvant être librement vendues pour un usage médicinal (10 fois moins nombreuses en France que dans l'Italie voisine), montre bien une volonté de décourager au maximum la prise en main par chacun de sa santé au quotidien.

Cette politique bureaucratique n'empêche pas les Français d'être très sensibles aux vertus des plantes. Le succès qui ne se dément pas des nombreux livres paraissant sur le sujet depuis plusieurs dizaines d'années en est une preuve parmi d'autres.

C'est à Maurice Mességué, phytothérapeute sans cesse attaqué et condamné pour exercice illégal de la médecine mais sans cesse soutenu et défendu par ses nombreux patients, que je dois mon intérêt pour l'utilisation des plantes médicinales. Ma mère fut une fidèle lectrice de ses nombreux ouvrages, et dès ma plus tendre enfance j'ai été soigné aux tisanes de thym et de mauve sucrées au miel.

Sauge officinale

Pourquoi et comment se soigner par les plantes ?

Les plantes introduites au jardin pour leur intérêt médicinal, comme la guimauve et la citronnelle, ne sont pas non plus dénuées d'intérêt esthétique.

La sélection des plantes médicinales s'est faite durant des dizaines de milliers d'années par nos ancêtres observant leurs effets positifs ou négatifs, bien avant la naissance de la médecine scientifique. Beaucoup de laboratoires pharmaceutiques s'intéressent de près aux savoirs médicinaux des guérisseurs des peuplades que nous qualifions de primitives car elles mènent encore une vie très proche de la nature. Ils peuvent ainsi détecter des plantes aux propriétés intéressantes dans la foison d'espèces qui poussent sur les cinq continents.

L'indéniable efficacité des plantes repose sur une usine chimique sophistiquée. Les feuilles reçoivent l'énergie du soleil et, alimentées en éléments simples (eau, sels minéraux, oligo-éléments), synthétisent des cocktails de molécules organiques très complexes, agents des vertus médicinales du monde végétal. Ces molécules sont très nombreuses, mais peuvent se classer en quelques grandes familles :

Les **acides organiques** donnent le goût acidulé propre à de nombreuses plantes, comme l'acide malique de la pomme, l'acide citrique des agrumes ou l'acide oxalique de l'oseille. Certains sont toxiques en grande quantité.

Les **alcaloïdes** sont des bases riches en azote et associées à des acides organiques. Leur action est si puissante que la plupart sont très toxiques à dose plus ou moins grande. Leur utilisation ne peut généralement se faire que sous contrôle médical pour éviter toute surdose. La morphine est un alcaloïde.

Les **glucosides** sont des composés du glucose qui ne se trouvent que dans les plantes. Ils ont des propriétés multiples, notamment colorantes ou odorantes.

La mauve, la chélidoine et le fenouil poussent spontanément près du laurier, du rosier et de la vigne plantés par le jardinier.

Les anthocyanes qui colorent en jaune sont des glucosides, comme les saponines qui moussent dans l'eau.

Les **huiles essentielles**, à base d'huile bien sûr mais aussi d'éther, donnent leur odeur ou leur goût particulier à chaque plante. Elles sont extraites par distillation à la vapeur d'eau. Leurs effets sont multiples, certaines tuent les bactéries comme le thymol tiré du thym.

Les **mucilages** sont des substances épaisses et visqueuses, qui protègent efficacement la peau et les muqueuses, adoucissant les parties irritées. La pectine de la pomme comme l'amidon du blé ou de la pomme de terre sont des substances mucilagineuses.

Les **résines** sont des substances odorantes.

Les **tanins** sont des dérivés du phénol, ayant la propriété de resserrer les tissus. Ils se trouvent souvent dans l'écorce des arbres, mais également dans diverses parties de nombreuses plantes.

Les **vitamines** sont des substances vitales pour notre corps. Nous n'avons pas besoin d'en absorber de grandes quantités, mais cette absorption doit être régulière pour éviter les carences. Les vitamines sont classées par familles se voyant attribuer chacune une lettre. Certaines sont solubles dans l'eau (vitamines B, C), la plupart sont solubles dans les graisses (vitamines A, D, E, F).

La pharmacie naturelle peut être utilisée pour traiter soi-même, sans recours au médecin ni aux médicaments chimiques, de nombreuses maladies ou indispositions de peu de gravité. Un début de fièvre, un enrouement, une toux nocturne, un coup de pompe passager, une digestion difficile, un ballonnement du ventre, une période d'insomnie, un trop plein de stress… autant de désagréments qui peuvent être rapidement soulagés à l'aide de quelques tisanes, décoctions ou gargarismes.

Les petits maux du quotidien relèvent aussi pour la plupart d'un traitement efficace par les plantes. Une coupure, une blessure, une brûlure sont soignées par un cataplasme ou une lotion qui facilitent la cicatrisation. Le mûrissement d'un ulcère ou un panaris peut être accéléré par certaines plantes, et leur guérison devient d'autant plus rapide. Même les verrues ou les cors possèdent leur remède naturel.

Certains petits inconvénients, comme les points noirs, l'acné, les pellicules dans les cheveux, les yeux gonflés, etc. sont facilement atténués ou soulagés par les vertus des plantes.

Le jardin du roi, créé sous Louis XIII et ancêtre du Jardin des Plantes du muséum de Paris, le fut par son médecin qui voulait rassembler à l'origine une collection de plantes médicinales.

Qu'est-ce qui ne se soigne pas par les plantes ?

Si l'efficacité des remèdes simples à base de plantes, faciles à préparer soi-même, est indéniable, **tout ne se soigne pas grâce à la phytothérapie, surtout quand il s'agit de traitements que l'on décide soi-même de s'administrer.** Le recours au médecin est indispensable dans de nombreux cas, et la prise de plantes médicinales doit se faire avec son aval chez le jeune enfant comme chez la femme enceinte.

La bourrache se ressème facilement toute seule et voyage dans le jardin au fil des années.

Fièvre, toux, insomnie, douleur, diarrhée, constipation, etc. peuvent se soigner facilement avec quelques plantes communes. Mais ce ne sont pas des maladies à proprement parler. Ce sont des effets d'un problème que connaît le corps, dont les causes peuvent être multiples. Pour parler comme les médecins, ces manifestations des maladies sont des symptômes.

Quand la cause est bénigne, ce qui est le plus souvent le cas, un court traitement par les plantes est suffisant pour traiter à la fois le symptôme et la maladie qui l'a provoqué. **Mais si le problème s'installe dans la durée, si le symptôme persiste, alors la maladie responsable peut être grave et il vaut mieux aller consulter un médecin.** Continuer à se soigner soi-même dans ces conditions, c'est se comporter comme le conducteur qui néglige le voyant indiquant un problème. La voiture finira par tomber en panne, et la facture du garagiste sera beaucoup plus salée que si la réparation avait été faite à temps.

En revanche, pendant le traitement de la maladie, ou ensuite lors de la convalescence, pour une cure revitalisante destinée à redonner du tonus à l'organisme fatigué et à accélérer sa guérison totale et définitive, **vous pouvez souvent utiliser les plantes, mais toujours en complément, et non à la place, du traitement ordonné par le médecin.**

La plupart des maladies chroniques relèvent aussi du médecin plutôt que de l'automédication. Diabète ou hypertension par exemple nécessitent un suivi régulier pour adapter exactement les traitements à l'évolution, favorable ou défavorable de la maladie.

Toutefois, en complément du traitement médical, les plantes peuvent aider le malade à supporter certains inconvénients, ou à augmenter l'efficacité des médicaments. Certaines plantes font baisser la tension, d'autres le taux de sucre dans le sang, d'autres encore atténuent une douleur persistante, etc.

Tous les traumatismes graves doivent être diagnostiqués et soignés par le médecin. Suite à une chute, lui seul peut diagnostiquer une simple contusion, une foulure, une luxation, une fracture, voire une hémorragie interne. Croire que la douleur persistante à un poignet est due à une simple foulure et se soigner seul peut avoir des conséquences très graves à long terme sur la mobilité de la main s'il s'avère qu'un des petits os du poignet est cassé.

Les blessures profondes nécessitant de retirer des objets ou une désinfection soignée demandent aussi l'intervention d'un spécialiste. Mais dans tous les cas, il existe des remèdes naturels pour venir en complément des soins et des médicaments, pour calmer la douleur ou accélérer la guérison.

Enfin, le cancer, ou plutôt les cancers puisque ses manifestations sont multiples, ne relèvent pas de la simple médecine des plantes. Les tumeurs sont dues à la multiplication anarchique de cellules anormales, dites malignes. Les traitements visent à détruire ces cellules malignes, si possible en respectant les cellules normales. Ces traitements sont multiples, intégrant l'ablation, les rayons X (radiothérapie) et l'action de diverses molécules (chimiothérapie), avec souvent des effets secondaires très lourds.

Si certains médicaments utilisés en chimiothérapie sont tirés de plantes, comme l'if de nos régions ou une pervenche de Madagascar, aucun remède de grand-mère ne peut traiter les tumeurs malignes. Comme toujours, les plantes peuvent aider à surmonter ou atténuer certaines conséquences de la maladie ou de son traitement. Mais soyons clair : il ne peut s'agir que de soins de confort, pas de soins pouvant entraîner la guérison.

Une touffe de bleuets et son étiquette dans un parterre de l'école de botanique du Jardin des Plantes de Paris

Spontanées ou cultivées, les fleurs qui soignent ont leur place partout dans le jardin, y compris au potager comme la bourrache et le coquelicot qui voisinent avec les choux.

Les plantes ne nous veulent pas que du bien

La digitale, introduite depuis longtemps au jardin, a subi une certaine sélection et une variété blanche, tout aussi toxique, côtoie la variété rose originelle.

Les tissus de la plupart des plantes contiennent des cocktails de molécules organiques aux effets souvent curatifs, mais parfois toxiques. S'il n'y a pas loin de l'aliment au médicament, il n'y a pas loin non plus du médicament au poison.

Certaines plantes sauvages ont une action toxique mortelle sur l'homme. Qui ne connaît la coupe de **ciguë** que le philosophe Socrate fut contraint de boire après avoir été condamné à mort ? Cette plante de la famille de la carotte pousse en abondance dans les lieux humides. La **belladone** et la **jusquiame** sont également deux plantes sauvages très toxiques, de la même famille que la tomate. Leurs baies ayant un goût agréable, elles ont provoqué de nombreux empoisonnements accidentels, sans parler des empoisonnements criminels. Fort heureusement, elles ne se trouvent pas dans les jardins.

Parmi les plantes introduites au jardin pour l'ornement, plusieurs sont très toxiques, voire mortelles. Parmi ces empoisonneuses, la **digitale** aux belles fleurs décoratives est probablement l'une des plus connues grâce aux romans d'Agatha Christie. C'est en effet une plante médicinale aux remarquables propriétés stimulantes pour le cœur. Mais à forte dose elle provoque la mort, poison utilisé par plusieurs criminels dans l'œuvre de cette Britannique férue d'intrigues policières.

Si les accidents sont rares avec la digitale peu appétissante, ils sont plus fréquents avec le **laurier-rose**. Arbuste méditerranéen apprécié pour ses vertus décoratives, toute la plante contient un poison violent, en particulier ses baies qui sont susceptibles d'attirer la convoitise des enfants, comme ses feuilles toxiques par simple léchage ou suçotage. C'est une espèce à bannir du jardin quand il y a des enfants en bas âge.

La grosse fleur de la pomme de terre, à l'architecture complexe, pourrait justifier sa culture comme plante ornementale, mais à la beauté succède le poison concentré dans le fruit.

Parmi les arbres d'ornement, le plus toxique est certainement l'**if**. Son feuillage est immangeable tellement son goût est mauvais. Mais ses fruits rouges sont doux et sucrés, pouvant faire envie aux enfants. Si leur chair est sans danger, la graine qu'elle enveloppe peut être mortelle.

Fruits et légumes cultivés ne posent aucun problème, serions-nous tentés de penser avec la certitude de l'évidence. Et pourtant, **quelques-unes des plantes cultivées les plus fréquentes du jardin recèlent une part de danger.** En effet, tous les tissus d'une plante n'ont pas la même composition, et une ou des molécules toxiques peuvent s'accumuler dans une partie seulement, alors qu'un autre organe sera parfaitement comestible.

Tous les cuisiniers et cuisinières savent que les pommes de terre doivent être conservées à l'abri de la lumière. Sinon les tubercules verdissent en surface, et ce vert contient une molécule toxique. Il faut le retirer avant de les consommer. **Le fruit de la pomme de terre, une baie noirâtre, est également très toxique**. La plante et son fruit ressemblant beaucoup à la belladone, bien connue de tous les paysans d'autrefois pour sa redoutable toxicité, il n'est pas étonnant que la plupart des contemporains de Parmentier s'en méfiaient et ne considéraient la pomme de terre que comme une nourriture bonne pour les cochons.

Parmi les arbres fruitiers, ce sont les pruniers qui peuvent poser problème, avec les pêchers et les abricotiers qui leur sont proches. La chair des fruits est délicieuse et peut être consommée sans modération, mais l'amande contenue dans le noyau est riche en acide cyanhydrique, à la base du redoutable cyanure. Si certaines personnes aromatisent les confitures avec quelques-unes de ces amandes dans chaque pot, il faut savoir qu'une seule poignée consommée par un enfant peut le tuer.

Fort heureusement, le caractère toxique d'une plante ou d'un organe d'une plante s'accompagne généralement d'un goût amer qui rend impossible toute absorption massive par simple gourmandise, notamment de la part des enfants. Mais il faut toujours rester vigilant, et apprendre le plus tôt possible à ces derniers à ne jamais porter à la bouche une plante ou un fruit qu'ils ne connaissent pas.

L'ambroisie est une plante américaine qui se répand depuis quelques années dans notre pays, le long des routes et dans les jardins. Son pollen très allergisant pose des problèmes de santé publique. À arracher dès qu'on l'identifie !

Certains, comme moi, aiment le fouillis dans les planches du potager, accueillant légumes en mélange et plantes sauvages.

D'autres préfèrent un plan plus rigoureux dans les plantations. C'est une affaire de goût et de caractère, seul compte le résultat.

Les livres expliquant la culture des légumes au potager ne manquent pas, tout comme les méthodes répondant à des objectifs particuliers, cultures associées ou culture sur buttes par exemple. Si vous souhaitez utiliser votre potager aussi comme source de plantes médicinales pour vous soigner, toutes ces méthodes conviennent, à condition de les adapter à ce but complémentaire.

Première chose, quand vous prévoyez en hiver les cultures à venir, intégrez vos besoins éventuels. Si n'importe quel jardin peut abriter quelques tomates, choux ou oignons, décider d'implanter quelques touffes d'artichaut ou de rhubarbe occupant une grande place risque de se faire au détriment d'autres légumes.

La planification est aussi importante pour respecter la règle de rotation des cultures, qui ne permet pas que n'importe quelle plante en suive une autre. En général, deux espèces de la même famille botanique, par exemple l'ail et le poireau, ne peuvent pas se succéder à la même place. Il faut attendre un délai de 3 ou 4 ans.

Choisissez également les bonnes variétés. Celles qui ont été « améliorées » ou les hybrides à gros rendement et à croissance rapide ont souvent des tissus gorgés d'eau, ce qui explique pourquoi elles manquent de goût. La teneur en molécules actives est diminuée d'autant, et vos légumes auront peut-être un bel aspect, mais probablement une piètre action médicinale.

Préférez les variétés traditionnelles, voire anciennes, souvent plus goûteuses et moins chères à l'achat. Bien adaptées au sol et au climat, elles demandent souvent

Les fleurs apportent une touche de couleurs dans les potagers les plus traditionnels.

moins de soin, d'eau et d'engrais, simplifiant le travail du jardinier. Elles tendent à disparaître, victimes de l'obsession de rentabilité de notre société moderne, et de la politique de contrôle du marché par les grands groupes semenciers. Vous participerez ainsi à leur sauvegarde.

Les techniques modernes utilisant largement les engrais chimiques sont au jardinage ce que le dopage est au sport : une façon artificielle d'augmenter les rendements au détriment de la santé de la plante. Les qualités nutritives comme les qualités médicinales sont ainsi diminuées. Plutôt que nourrir la plante avec ces engrais chimiques, adoptez les engrais naturels, fumier ou terreau, et compostez les déchets végétaux du jardin et de la cuisine. Vous nourrirez ainsi votre sol qui, riche en humus, nourrira vos légumes.

Comme vous souhaitez tirer de votre jardin des remèdes efficaces, vous devrez abandonner définitivement herbicides, insecticides, acaricides, fongicides et autres produits chimiques. Ils simplifient peut-être la tâche du jardinier, et améliorent très certainement l'aspect extérieur des fruits et légumes, mais ces molécules ont une action toxique par accumulation, et ce serait le comble de vous intoxiquer un peu plus en pensant vous soigner mieux.

Adoptez à la place de ces produits de mort la technique des cultures associées, les traitements à base de décoction de plantes, favorisez les parasites et les prédateurs pour lutter contre les espèces pouvant poser problème. Bref, adoptez le jardinage naturel, votre santé comme celle de la nature s'en porteront beaucoup mieux.

Luttez avec des fleurs

L'esprit cartésien français ne tolère pas le désordre et veut que chaque chose soit à sa place, les légumes avec les légumes et les fleurs avec les fleurs. Et si vous faisiez preuve d'un peu de folie dans votre jardin ? Les plantes aromatiques et condimentaires, comme les fleurs décoratives, ont souvent une action bénéfique pour protéger les cultures de certaines maladies ou de certains parasites.

Ainsi les œillets d'Inde repoussent les nématodes, des vers qui s'attaquent aux racines, alors que les fleurs de cerfeuil sont très attractives pour de petites guêpes ou de petites mouches dont les larves dévorent les chenilles ou les pucerons. En mélangeant les légumes entre eux et avec les plantes aromatiques ou les fleurs selon la méthode des cultures associées, vous obtiendrez un jardin qui se protègera mieux tout seul des agressions.

Ail

Allium sativum

L'ail souffre de son odeur forte qui se transmet à l'haleine. Cet inconvénient est responsable de la désaffection qui le touche, bien qu'il parfume cru ou cuit les plats. Employez-le à dose homéopathique : c'est la fameuse « pointe d'ail ». Aujourd'hui, l'ail est plus un condiment qu'un aliment, alors qu'autrefois il était utilisé comme un légume à part entière, notamment pour accompagner certaines viandes.

Culture

L'ail ne se reproduit pas par graine, mais par plantation des gousses, enfoncées à la main dans un sol bien ameubli. Plantation à 12 cm d'intervalle en lignes espacées de 20 cm, en octobre dans le Sud, en novembre ou en janvier plus au nord, en mars-avril en climat pluvieux.

Récolte

Toute la plante est active, et particulièrement les gousses. Vous pouvez donc l'utiliser fraîche toute l'année.

Propriétés

L'ail abaisse la tension et régularise le taux de cholestérol. C'est aussi un puissant antiseptique, pouvant être utilisé comme antibiotique naturel au début d'une infection ou comme vermifuge contre le ver solitaire ou les oxyures. Enfin, il régule la flore intestinale, le taux de sucre dans le sang et le fonctionnement des glandes et des organes digestifs.

Recettes

Une gousse pelée prise comme un suppositoire le soir avant de se coucher est un excellent remède en cas de début de fièvre ou d'infection. C'est ce que les paysans d'autrefois appelaient peu poétiquement « l'ail au cul ». En faisant macérer 6 gousses pilées dans 1 litre de vinaigre d'alcool pendant 10 jours, vous obtiendrez un antiseptique à usage externe pour désinfecter les plaies. Enfin, mangez de l'ail régulièrement en condiment, en sauce ou en soupe si vous souffrez d'hypertension ou de diabète.

Contre-indications

Aucune connue.

Artichaut

Cynara scolymus

La production de l'artichaut se limite au cœur des grosses fleurs composées, récoltées quand elles sont encore en bouton. Son goût très fin en fait un légume toujours aussi prisé de nos jours qu'à son apparition à la Renaissance en provenance d'Italie.

Culture

L'artichaut se reproduit surtout par œilletons, des éclats de touffes en production. Plantez dans un sol ameubli en profondeur et abondamment fumé au compost bien mûr. Plantez au début du printemps, en quinconce à 0,80 ou 1 m d'intervalle, en mettant 2 œilletons à 10 cm de distance pour constituer une touffe.

Récolte

Feuilles : en été.

Propriétés

L'artichaut stimule le fonctionnement du foie et la sécrétion de la bile. Il est donc recommandé en cas d'insuffisance hépatique et de jaunisse. Il est aussi très efficace pour accélérer l'élimination de l'urée, utile en cas de coliques néphrétiques ou de goutte. Enfin, il favorise une bonne circulation du sang en prévenant certains troubles dus au cholestérol, assouplissant les parois des vaisseaux sanguins.

Recettes

La partie comestible de l'artichaut n'ayant que des vertus médicinales atténuées, une consommation régulière servira de traitement d'entretien.

Pour lutter contre l'artériosclérose en assouplissant les parois des vaisseaux sanguin, buvez avant chaque repas une tasse d'une décoction de 30 g de feuilles par litre d'eau, en la sucrant abondamment avec du miel car elle est très amère. Pour stimuler la vésicule biliaire, prenez 2 tasses par jour de cette même décoction.

Si le taux d'urée dans le sang est trop élevé, prenez 3 tasses par jour d'une infusion de 10 g de feuille par litre d'eau.

Contre-indications

En cas de calculs biliaires ou d'allergies aux plantes de la famille des Composées (Astéracées).

Carotte

Daucus carotta

La carotte doit sa belle couleur orange au carotène, pigment qui peut se fixer dans la peau et lui donner un beau hâle. Consommée crue, elle apporte de nombreuses vitamines (B, C, D, E). Cuite, elle adoucit les soupes et les purées par son goût légèrement sucré.

Culture

Semez les carottes au milieu de l'hiver, puis au début du printemps, puis au milieu du printemps pour échelonner vos récoltes du printemps à l'hiver suivant. Semez en lignes distantes de 25 cm, éclaircir après la levée et binez et arrosez régulièrement si besoin.

Récolte

La racine, en étalant les semis et en conservant les carottes d'automne en silo durant l'hiver, peut être disponible fraîche toute l'année.

Propriétés

Cet aliment riche en vitamines est un aliment idéal pour les enfants, les convalescents ou les personnes âgées, maintenant ou améliorant les performances visuelles, notamment chez les enfants myopes. La carotte cuite est très efficace pour stopper les diarrhées, en particulier chez les nourrissons. Elle favorise en outre l'émission de l'urine, et régule le fonctionnement du foie. Enfin la pulpe de la racine est adoucissante et cicatrisante, et les fanes ont une action antiseptique.

Recettes

Le jus frais de carotte bu aussitôt fait, relevé d'un peu de jus de citron pour le goût et pour la vitamine C, est un excellent reconstituant, pour pallier une baisse de forme ou lutter contre un début de maladie.

La pulpe râpée fraîche étalée sur une brûlure ou un eczéma et recouverte d'un linge soulage et accélère la guérison, à condition de la renouveler toutes les 3 ou 4 h.

Une décoction d'une poignée de fanes fraîches dans 1 litre d'eau prise en bain de bouche permet de lutter contre les aphtes.

Contre-indications

Aucune connue.

Céleri

Apium graveolens

Le céleri sauvage, ou ache des montagnes, est une plante condimentaire au Moyen Âge. Puis certaines variétés transformées en légume sont arrivées d'Italie à la Renaissance, comme le céleri branche dont on mange les côtes et le céleri-rave dont on mange la racine.

Culture

Semez au milieu du printemps sous châssis et éclaircissez après la levée pour conserver 6 cm entre les plants. Quand ils ont quelques feuilles, arrachez-les, raccourcissez les feuilles en les coupant au milieu, et repiquez à 30 cm d'intervalle pour le céleri branche, 40 cm pour le céleri-rave. Paillez et arrosez abondamment.

Récolte

Le céleri cultivé s'emploie frais.

Propriétés

L'ache est renommée pour améliorer le fonctionnement des reins et de l'appareil urinaire, très utile notamment pour soigner les calculs. Le céleri cultivé a les mêmes propriétés, mais atténuées. Il stimule les fonctions digestives avant le repas, et est utile pour traiter les rhumatismes. La science moderne confirme la croyance populaire de ses effets aphrodisiaques. Il est riche en vitamine E qui joue un grand rôle dans l'équilibre des fonctions sexuelles.

Recettes

Le jus frais du céleri branche est recommandé pour soulager les rhumatismes, à raison d'un verre à liqueur (5 cl) par jour en cure de 3 ou 4 semaines. Il améliore également la sécrétion de l'urine. En cas de calculs rénaux, l'utilisation de l'ache des montagnes, plus puissante, est recommandée sous forme d'une décoction de 30 g de racines séchées par litre d'eau, à raison de 2 tasses par jour. Les femmes qui ont les seins douloureux peuvent les soulager avec un cataplasme de feuilles de céleri cuites dans de l'eau, gardé au moins 30 mn.

Contre-indications

Aucune connue, mais le céleri sauvage ne doit pas être employé frais.

Chou

Brassica oleracea

Le chou est un légume cultivé dans nos régions depuis la préhistoire. De nombreuses variétés ont été sélectionnées : choux cabus, choux de Bruxelles, brocolis, choux-fleurs, choux-raves. Délicieux en soupe comme en légume, il est riche en vitamine C et peut aussi être mangé cru.

Culture

Semez sous châssis à la fin de l'hiver pour repiquer en place au début du printemps en quinconce en espaçant de 35 cm à 60 cm selon la grosseur de la variété, pour une récolte en été et en automne. Semez en place au milieu du printemps pour les variétés d'hiver. Semez à la fin de l'été et repiquez au début de l'automne pour les variétés de printemps.

Récolte

Le chou s'emploie frais.

Propriétés

Le chou est un excellent calmant et cicatrisant des piqûres, brûlures, plaies ou abcès. Mais il soulage aussi un rhumatisme douloureux, une sciatique. Il traite les affections respiratoires, angines, bronchites et extinctions de voix. Bon régulateur du système nerveux, il soigne les insomnies, l'angoisse avant un examen, les dépressions et les coups de fatigue.

Recettes

Pour soulager blessures et brûlures, les feuilles doivent être appliquées très fraîches et froissées, et le pansement renouvelé au moins une fois dans la journée. Vous pouvez les laisser macérer 1 heure dans de l'huile d'olive avant emploi. Pour les cataplasmes en plusieurs épaisseurs contre les rhumatismes ou la goutte, Maurice Mességué recommande de retirer les grosses côtes des feuilles et de passer un coup de fer à repasser dessus pour les assouplir.

Le sirop de jus de chou (même poids de suc exprimé des feuilles et de miel ou de sucre) est excellent en gargarisme contre les angines, et chaud par voie interne contre les bronchites et les extinctions de voix.

Contre-indications

Aucune connue.

Concombre

Cucumis sativus

Composé à plus de 90 % d'eau, le pouvoir nutritif du concombre est très faible mais il est très rafraîchissant cru en été. En cas de mauvaise digestion, il peut être cuit rapidement à l'eau bouillante ou ajouté aux soupes. La peau contient des principes amers désagréables au goût et légèrement toxiques, mais certaines personnes la conservent car elle est riche en vitamines et en sels minéraux. Les cornichons sont de très jeunes concombres confits au vinaigre.

Culture

Semez sous châssis au début du printemps, et repiquez à la fin du printemps à 60 cm de distance sur des lignes espacées de 1,20 m, dans une terre ameublie en profondeur et abondamment fumée avec du compost bien mûr. Arrosez régulièrement.

Récolte

Le concombre s'emploie frais.

Propriétés

Les graines avaient autrefois la réputation d'être efficaces contre les vers, comme les graines de courge qui est une cousine proche. Le concombre favorise également la sécrétion de l'urine, c'est un diurétique qui permet d'éliminer en cas de rétention d'eau. Mais la popularité du concombre tient surtout aux propriétés adoucissantes et hydratantes de sa pulpe utilisée très fraîche.

Recettes

Des rondelles fraîches de concombre appliquées sur le visage constituent un excellent masque de beauté. Appliquées sur un coup de soleil ou une brûlure légère, elles soulagent rapidement la douleur.

Le jus de concombre frais peut servir de lotion pour nettoyer la peau, à mélanger éventuellement avec la même quantité de jus de carotte. Il peut également soulager les coups de soleil. Pour faire un lait démaquillant, faites cuire pendant 15 mn dans 1 litre d'eau bouillante 400 g de concombre non épluché, réduisez en purée et ajoutez 4 cl d'huile d'amande douce.

Contre-indications

Aucune connue.

Fenouil

Foeniculum vulgare

Le fenouil cultivé à gros bulbe nous est parvenu à la Renaissance en provenance d'Italie. C'est un légume fin et parfumé, largement utilisé dans les cuisines du Midi et pilier de la ratatouille à la niçoise. Très digeste, il est recommandé aux personnes convalescentes ou connaissant des désordres digestifs.

Culture

Semez en place à la fin du printemps ou au début de l'été, en lignes espacées de 30 ou 40 cm. Quelque temps après la levée, éclaircissez les rangs à 20 ou 25 cm. Binez régulièrement, arrosez si nécessaire. Semis possible à l'automne dans le Midi.

Récolte

Graines : à l'automne. Les feuilles s'emploient fraîches.

Propriétés

Légèrement laxatif, le fenouil favorise le transit intestinal et l'évacuation des gaz intestinaux. C'est une plante précieuse pour les femmes, régulant les règles, favorisant la montée du lait et soulageant l'engorgement des seins lors de l'allaitement. Les graines ont en plus une propriété vermifuge aujourd'hui négligée, et soulagent les yeux irrités et fatigués.

Recettes

Pour soigner les troubles digestifs, faites une infusion avec 10 pincées de graines par litre d'eau et prenez une tasse avant chaque repas. Vous pouvez renforcer les propriétés de cette tisane en ajoutant 5 pincées de graines d'anis et une dizaine de feuilles de menthe. Une infusion de 10 g de graines dans un bol d'eau bouillante constitue une excellente lotion pour laver les yeux fatigués et les soulager en gardant une compresse imprégnée sur les yeux durant 1/4 h.

Pour traiter l'engorgement des seins, faites un cataplasme de feuilles et de fleurs quand c'est la saison.

Contre-indications

Aucune connue quand la plante est entière. L'huile essentielle de fenouil ne doit pas être donnée aux jeunes enfants.

Fraisier des bois

Fragaria vesca

C'est un fruit délicieux cru ou cuit, ramassé surtout dans les bois et consommé sitôt cueilli, parfois cultivé dans les jardins sous le nom de « fraisier des quatre saisons ». La grosse fraise cultivée actuelle, sans intérêt médicinal, est un croisement d'espèces américaines.

Culture

Le fraisier se reproduit par stolons, tiges aériennes courant au sol et s'enracinant un peu plus loin. Repiquez-les au milieu de l'été, dans un sol ameubli et bien fumé, en quinconce à 33 cm de distance. Paillez le sol pour que les fruits ne reposent pas sur la terre.

Récolte

Feuilles et fruits : au printemps. Racines : à l'automne, quand les feuilles sont mortes.

Propriétés

Ramassés dans la nature, les fruits peuvent être souillés par les déjections des animaux sauvages et doivent être soigneusement lavés à l'eau vinaigrée. Riches en oligo-éléments, ils sont reminéralisants. Le jus frais donne un joli teint en nettoyant et en nourrissant la peau. Feuilles et racines en décoction purgent le sang, soignent les angines, apaisent les personnes nerveuses, alors que les feuilles en cataplasme soulagent la couperose et les coupures ou écorchures légères.

Recettes

Mélangez un verre de jus de fraise avec un peu de lait et appliquez cette lotion sur la peau du visage le soir, nettoyez le matin avec un peu d'eau de rose.

Pour faire un gargarisme contre l'angine, faites une décoction en prenant 50 g de feuilles et de racines séchées par litre d'eau, filtrez et sucrez au miel. Pour un effet calmant, faites une simple infusion de feuilles et de racines, et non pas une décoction.

Contre-indications

Certaines personnes font de l'urticaire en mangeant des fraises, la plante purgeant l'organisme de ses toxines expulsées par la peau.

Laitue

Lactuta sativa

Composée de plus de 95 % d'eau, la laitue au suc blanc qui lui a valu son nom est un aliment très peu nourrissant, mais rafraîchissant et riche en vitamines, en sels minéraux et en oligo-éléments, consommé cru ou cuit. L'espèce sauvage (*Lactuta scariola*) est piquante, amère, et quasiment immangeable mais possède les mêmes vertus médicinales.

Culture

Pour vous faciliter la vie, choisissez de préférence des variétés à couper. Semez sous châssis en automne et en hiver, en pleine terre au printemps et en été. Semez dru, et faites plusieurs récoltes en coupant les feuilles au collet. En étalant les semis, vous aurez de la salade presque toute l'année.

Récolte

Les feuilles s'emploient toujours fraîches.

Propriétés

Le suc des laitues contient une substance calmante et même sédative qui rend la plante précieuse à toutes les personnes nerveuses ou souffrant d'insomnie. La concentration de cette substance est plus importante dans le suc de la laitue sauvage, mais la laitue cultivée présente les mêmes propriétés simplement atténuées. Une consommation régulière de laitue cultivée au repas du soir facilite l'endormissement. La plante soigne aussi la toux et les problèmes de peau.

Recettes

Pour calmer la toux, faites un cataplasme de feuilles cuites sur la poitrine. Pour traiter la coqueluche, faites une décoction de 100 g de feuilles dans 15 cl d'eau seulement, à boire tiède et très sucrée.

Pour obtenir une lotion pour laver 2 fois par jour les zones touchées par l'acné, prenez 100 g de feuilles de laitue cultivée par litre d'eau et faites une décoction.

Pour traiter une insomnie rebelle, la laitue sauvage est plus active. Buvez au coucher une tasse d'une décoction de 30 g de feuilles par litre d'eau.

Contre-indications

Aucune connue.

Navet

Brassica napus

Nos ancêtres distinguaient le navet au goût fin, apprécié des bourgeois, de la rave rustique réservées aux paysans. Si la rave a quasiment disparu de nos tables, le navet a su conserver quelques bastions, indispensable dans certaines soupes, dans les potées ou comme légume accompagnant le canard.

Culture

Semez en place, en lignes espacées de 20 à 30 cm, et éclaircissez peu après la levée pour laisser 12 à 15 cm de distance. Les semis de fin d'hiver et début de printemps donnent les navets de fin de printemps et d'été. Les semis d'été donnent les navets d'automne et d'hiver.

Récolte

Les racines de navet s'emploient fraîches.

Propriétés

Le navet a longtemps tenu une place importante dans l'assiette de nos ancêtres car il est nourrissant. Riche en fibres, il nettoie l'intestin en le balayant. Riche en calcium, il fait jeu égal avec les fromages sur ce chapitre. Il traite efficacement ou soulage les diverses affections des voies respiratoires, toux, bronchite, angine, asthme, coqueluche, pleurésie. Il fait également des merveilles sur les articulations douloureuses, et soigne les abcès, les furoncles et les engelures.

Recettes

Maurice Mességué donne une recette astucieuse pour obtenir sans peine du sirop de navet. Creusez assez profondément un beau navet épluché, et remplissez le creux de sucre candi ou de miel. Posez la racine sur un verre pour recueillir le sirop qui suinte lentement au travers de la chair. Prenez 1/2 verre par jour en cas de toux ou de bronchite.

Pour soulager une douleur rhumatismale ou bien due à la goutte, faites bien cuire quelques navets, passez-les au moulin à légume et appliquez cette purée sur la zone douloureuse en la maintenant avec un linge.

Contre-indications

Aucune connue.

Oignon

Allium cepa

Connu dès la plus haute Antiquité égyptienne, l'oignon était au Moyen Âge un légume très apprécié et largement cultivé. S'il est resté un légume très consommé en Orient, il est devenu chez nous plutôt un condiment, utilisé cru pour relever les salades ou cuit à l'eau ou frit dans l'huile pour relever de très nombreux plats.

Culture

Semez, selon les variétés, du milieu de l'hiver au milieu du printemps ou en été pour des récoltes au printemps et en été, en place en lignes espacées de 20 cm, avec un éclaircissage de 5 à 15 cm de distance selon la grosseur du bulbe.

Récolte

De bonne conservation, l'oignon est normalement disponible frais toute l'année.

Propriétés

Riche en sels minéraux et en oligo-éléments, notamment en soufre, l'oignon est une source importante de vitamine puisqu'il en contient 7 dont les vitamines A, C et E. Mangé dans les plats de tous les jours, il stimule le système digestif. En cure intensive, il favorise la production d'urine et soigne la rétention d'urine comme les calculs rénaux. Ses propriétés antiseptiques sont utiles pour traiter les petites plaies ou pour lutter contre les vers intestinaux. Enfin, c'est un excellent remède contre le diabète car il abaisse le taux de sucre dans le sang.

Recettes

La consommation régulière d'oignons crus ou cuits est un excellent traitement de fond des maladies signalées au paragraphe précédent. Vous pouvez faire un vin d'oignon pour traiter les vers intestinaux en découpant en fines lamelles un gros oignon rouge et en le laissant macérer 48 h dans 1/2 litre de bon vin rouge. Filtrez et buvez 1 verre le matin à jeun jusqu'à épuisement, en commençant le traitement si possible un jour de nouvelle lune ou de pleine lune.

Contre-indications

Aucune connue.

Poireau

Allium porrum

Proche cousin de l'ail et de l'oignon, mais moins fort en goût, le poireau est encore très consommé, surtout en hiver car il peut rester en pleine terre durant la mauvaise saison. Il sert de base aux soupes, accompagne les viandes ou se déguste jeune cuit et froid à la vinaigrette.

Culture

Semez de la fin de l'hiver à l'été en ligne, éclaircissez si besoin après la levée. Repiquez du printemps à l'automne quand le plant a atteint la taille d'un crayon en sillons profonds espacés de 20 à 30 cm, à 8 ou 10 cm de distance. Arrosez copieusement, buttez deux fois pour favoriser la partie blanche.

Récolte

Le poireau s'emploie frais.

Propriétés

Le poireau contient du soufre et des sels minéraux. Il est riche en mucilage, cette substance épaississante qui donne leur consistance aux soupes qui en contiennent, et qui en fait un excellent remède contre la constipation. Le bulbe frais coupé en deux et frotté contre une piqûre d'insecte soulage rapidement la douleur. Le fort pouvoir drainant de son bouillon aide à prévenir l'artériosclérose.

Recettes

Le bouillon de poireau destiné à lutter contre le vieillissement des artères doit être très peu salé, ou même sans sel. Coupez 2 poireaux en rondelles et faites-les cuire doucement dans 1 litre d'eau durant 2 h. Prenez 3 bols par jour, dont 1 à jeun au réveil. Ce même bouillon est utile pour lutter contre la goutte. Faites une cure durant 3 semaines en prenant 1 bol à jeun avant chaque repas.

Pour stimuler la sécrétion de l'urine, et donc favoriser l'évacuation des déchets du corps, faites macérer 5 g de graines de poireaux durant 6 h dans 1 litre de bon vin blanc et filtrez. Prenez 3 verres à liqueur par jour.

Contre-indications

Aucune connue.

Rhubarbe

Rheum rhaponticum

Arrivée d'Asie au XIVe siècle, la rhubarbe a d'abord été cultivée par les moines comme plante médicinale. Son pétiole, seul utilisé, est consommé surtout sucré, très rarement en accompagnement d'un mets salé. Soigneusement épluché pour retirer la peau fibreuse et coupé en dés, il sert de base à diverses recettes, tartes, compotes ou confitures.

Culture

La rhubarbe peut se semer, mais il est bien plus facile de diviser les touffes au début du printemps ou de l'automne. Elle peut rester en place une dizaine d'années en sol riche et profond régulièrement fumé.

Récolte

Racine : à l'automne.

Propriétés

La partie verte des feuilles est toxique et ne doit pas être consommée. L'acidité des pétioles est due à une forte teneur en acide oxalique. La rhubarbe est surtout connue pour son action laxative. Si elle est efficace contre la constipation, elle est aussi recommandée pour lutter contre certaines diarrhées, notamment celles dues à des microbes. En facilitant l'expulsion du contenu du tube digestif, elle aide à l'élimination de la cause du trouble. Si les pétioles possèdent cette vertu, elle est surtout concentrée dans la racine, qui traite également les vers intestinaux.

Recette

La purge, si utilisée avec la saignée du temps de Molière, est passée de mode. Elle peut pourtant résoudre bien des dérangements digestifs en expulsant rapidement le contenu des intestins. Faites macérer 50 g de racine séchée de rhubarbe dans 1 litre de vin durant 12 jours, passez et conservez dans une bouteille bouchée. Prenez 1 cuillérée à soupe pour déclencher la purge.

Contre-indications

La richesse de la plante en acide oxalique rend sa consommation déconseillée aux personnes souffrant d'arthrite, de goutte, de rhumatismes, de calculs.

Tomate

Lycopersicum esculentum

Les Espagnols ont introduit la tomate des Incas en Europe dès le milieu du XVIe siècle. Mais elle n'était cultivée que pour l'ornement. Au XVIIIe siècle, elle fait son apparition dans les cuisines du bord de la Méditerranée et son succès est fulgurant, remontant peu à peu vers le nord. Délicieuse aussi bien crue que cuite, elle sert à la fois de légume et de base de nombreuses sauces.

Culture

Si les tomates peuvent être semées, il est plus simple d'acheter des plants à repiquer au milieu du printemps à 50 cm de distance, en lignes espacées de 80 cm. Plantez un tuteur pour chaque plant, enterrez le collet de quelques centimètres pour favoriser l'enracinement, paillez et arrosez régulièrement.

Récolte

Feuilles et fruits s'utilisent frais.

Propriétés

La tomate contient, comme la plupart des légumes frais, des sels minéraux et des vitamines, notamment de la vitamine C. Très peu calorique, elle convient parfaitement en cas de régime amaigrissant. Mais c'est un fruit acide à consommer de préférence à maturité complète, moins digeste quand il est cuit. Les feuilles de la plante ont une action bienfaisante sur la peau en cas de piqûre ou de certaines maladies comme le psoriasis.

Recettes

La tomate est recommandée pour soigner la goutte et les rhumatismes, en cure de 300 g de fruits bien mûrs chaque jour durant 3 semaines.

Pour profiter de l'action raffermissante de la tomate sur les tissus, appliquez des rondelles fraîches de tomate sur la peau, ou bien faites un masque avec de la pulpe écrasée.

Pour traiter le psoriasis, cueillez quelques feuilles, écrasez-les un peu dans un mortier ou sur une planche et appliquez-les sur les régions atteintes.

Contre-indications

Aucune connue.

Les plantes aromatiques, qui aiment les terrains secs, gagnent à être cultivées sur une spirale de pierre au sol bien drainé.

Le carré des aromatiques

Les plantes aromatiques et condimentaires sont des concentrés de substances diverses qui leur donnent goût et parfum. L'homme a depuis longtemps profité de cette particularité pour relever ses plats, mais aussi pour se fournir en médicaments naturels très efficaces.

Cette chimie végétale complexe n'est bien sûr pas destinée à satisfaire nos besoins, bien que nous sachions en tirer profit. La plupart de ces plantes vivent sur des sols secs, voire arides, et la grande concentration d'huiles essentielles très odorantes dans leurs tissus est une protection contre le dessèchement. D'autres synthétisent des molécules destinées à repousser ou à intoxiquer les insectes végétariens qui pourraient s'attaquer à leur feuillage.

Les effets bénéfiques pour la santé de ces différentes substances ont été depuis longtemps remarqués par les hommes, qui ont ainsi marié cuisine et pharmacie. La sauge, par exemple, doit son nom au latin *salvia* qui veut dire « en bonne santé ». Cette réputation n'est pas usurpée et les plantes aromatiques comptent parmi les médicaments les plus efficaces de la pharmacie du jardinier.

Les jardins plus modestes peuvent être agrémentés d'un simple carré d'aromatiques, replantées au début du printemps…

… qui pousseront vite vigoureusement. Menthe verte, marjolaine, thym et sauge ont été achetés en plants en godet, alors que le romarin est une simple bouture piquée en terre fin mars.

Qu'elles servent à relever les plats ou à soigner le jardinier, les plantes aromatiques sont toujours utilisées en petites quantités. Il est souvent suffisant de n'en cultiver qu'un pied ou deux, et la quantité peut faire place à la variété.

Tout jardin, même le plus modeste, peut ainsi accueillir une palette de plantes aromatiques et condimentaires qui seront toujours à portée de main. Pas besoin de potager pour les cultiver, elles aromatiseront tout aussi bien les légumes du commerce.

La grande majorité des plantes aromatiques sont des vivaces qui peuvent rester plusieurs années en place sans demander de grands soins.

Elles préfèrent une situation ensoleillée, et si elles peuvent pousser à l'ombre leur concentration en principes aromatiques est alors souvent plus faible. En revanche, leurs besoins peuvent être contradictoires quant au terrain idéal.

Si beaucoup, comme le thym, la sauge, le laurier-sauce ou la marjolaine préfèrent des terrains secs, la menthe réclame au contraire une terre fraîche voire humide. Le thym est sobre et se contente d'une terre très pauvre, l'absinthe réclame un sol riche en humus pour prospérer convenablement.

L'implantation doit se faire au jardin en tenant compte de ces besoins. Les espèces réclamant un terrain sec peuvent être plantées sur une butte surélevée où leurs racines ne risquent pas de pourrir à cause de l'eau pouvant stagner après de grosses pluies. Les espèces de terrain humide peuvent être au contraire implantées près d'une descente de gouttière ou dans un bas-fond. Si la configuration du jardin s'y prête, les aromatiques peuvent être plantées en bordure de certaines planches, toujours à portée de la main du jardinier circulant dans l'allée.

Vous pouvez également intégrer la plupart de ces plantes dans les parterres décoratifs. Par exemple, le thym se plaira dans une rocaille et l'agrémentera de sa floraison printanière comme de son feuillage persistant. La marjolaine y fleurira en été. La sauge à l'abondante floraison violette ou l'absinthe au feuillage gris-vert peuvent être mis en fond d'une bordure fleurie. Vous pouvez aussi explorer les nouvelles tendances du jardinage, où la vue n'est plus le seul sens sollicité, en inventant des massifs mariant agréablement les feuillages odorants que vous prendrez plaisir à froisser à chaque passage.

Les herbes condimentaires et aromatiques deviennent vite indispensables dans un jardin cultivé sans produits chimiques. Très florifères, attirant de nombreux insectes butineurs, elles favorisent l'équilibre naturel du jardin en nourrissant les adultes d'espèces prédatrices ou parasites à l'état de larve.

Certaines fleurissent abondamment en été, à une saison où les fleurs sont moins nombreuses dans la nature. Elles constituent ainsi une ressource d'appoint importante pour les abeilles domestiques et les bourdons dont les colonies sont actives durant toute la belle saison et qui jouent un rôle important dans la production de fruits et de légumes du jardin par leur travail de pollinisation.

La plupart des plantes aromatiques sont si sobres qu'elles peuvent se contenter d'un simple pot pour pousser sur une terrasse ou même accrochées au balcon d'un appartement du centre-ville. Une seule contrainte, vous devrez soigneusement laver vos plantes avant de les mettre dans un plat ou d'en faire de la tisane pour les débarrasser des dépôts dus à la pollution des automobiles et des chauffages, toujours importante en milieu urbain.

Le grand développement de l'absinthe interdit de songer à une telle culture hors sol, mais thym, sarriette, marjolaine, citronnelle ou cerfeuil s'en accommoderont parfaitement. Le romarin, la sauge ou le laurier-sauce ont besoin d'un peu plus d'espace et sont à réserver pour des bacs ou de gros pots sur une terrasse, qu'ils peuvent végétaliser agréablement.

La sarriette, originaire des montagnes, aime les terrains frais et gagne à être cultivée à la base de la spirale aux aromatiques plutôt qu'à son sommet où se plaît le thym.

Les plantes aromatiques n'échappent pas à la tendance générale de la multiplication des espèces et des variétés. Ce n'est qu'une petite partie du choix proposé par un pépiniériste spécialisé dans les thyms.

La sauge peut prendre un grand développement, c'est pourquoi il faut prévoir la place suffisante à la plantation.

Absinthe

Artemisia absinthium

L'amertume a fait la bonne réputation de l'absinthe, très utilisée dans les boissons apéritives autrefois, et son huile essentielle sa mauvaise réputation. Elle se révèle en effet un poison à fortes doses répétées, ce qui ne risque normalement pas de se produire en usage médicinal familial.

Culture

L'absinthe se plaît sur les terrains secs, à condition qu'ils soient riches. Elle se multiplie facilement par division de touffes au printemps.

Récolte

Sommités fleuries : au début de l'été, avant leur épanouissement. Feuilles : fin du printemps et début de l'été.

Propriétés

L'absinthe ouvre l'appétit, stimule le foie et redonne du tonus aux personnes fatiguées ou légèrement dépressives. C'est aussi un bon antiseptique et un vermifuge efficace. Elle fait également tomber la fièvre, traite rapidement les diarrhées et soulage le mal des transports provoqué par les mouvements d'un véhicule. Enfin, elle est recommandée en cas de règles insuffisantes ou douloureuses.

Recettes

Si vous souhaitez éviter le mal des transports, prenez 2 tasses par jour d'une infusion de 15 g de sommités fleuries par litre d'eau.

Pour soigner les problèmes de règles, la dose n'est que de 5 g de sommités fleuries par litre d'infusion, à raison de 2 tasses par jour à prendre dans la semaine qui les précède.

Les vers intestinaux sont traités en buvant le matin à jeun durant 4 jours un verre à liqueur de vin d'absinthe obtenu en faisant macérer 1/2 poignée de feuilles d'absinthe dans 1 litre de vin blanc. Laissez reposer 2 semaines et filtrez.

Contre-indications

L'absinthe ne doit jamais être prise sur une longue période. Son usage est déconseillé aux femmes enceintes ou qui allaitent ainsi qu'en cas de saignements à l'estomac ou aux intestins.

Cerfeuil

Anthriscus cerefolium

Originaire du sud-est de l'Europe, son odeur et son goût agréables l'ont fait introduire par les Romains. Il s'utilise cru pour relever les plats et les sauces. Il existe des espèces sauvages proches, souvent confondues sous le même nom de cerfeuil, qu'il ne faut surtout pas utiliser en cuisine car elles peuvent être toxiques.

Culture

Semez à la volée, en place et en pleine terre, en fin d'hiver, puis au milieu du printemps, puis au début de l'automne pour échelonner les récoltes car si les feuilles sont consommables 4 semaines après le semis, le cerfeuil monte vite en graine. Arrosez régulièrement.

Récolte

La plante s'emploie fraîche.

Propriétés

Le cerfeuil est très riche en vitamine C. C'est un bon stimulant du système digestif et il aide l'organisme à éliminer les déchets. À ce titre, il est souvent utilisé dans les cures de printemps pour nettoyer les toxines accumulées durant l'hiver. Mais il calme aussi la toux, soigne efficacement les yeux, désengorge les tissus enflammés et peut tarir la sécrétion lactée des seins.

Recettes

Pour soigner un herpès, plus connu sous le nom populaire de « bouton de fièvre », faites une infusion de cerfeuil avec 40 g de plante fraîche pour 1 litre d'eau, et buvez 3 tasses par jour.

Pour soigner un bleu et toute autre contusion sans plaie ouverte, appliquez des feuilles fraîches pilées.

Pour tarir le lait, appliquez un cataplasme de feuilles de cerfeuil fraîches pilées sur les seins.

Pour soulager des démangeaisons tenaces, appliquez sur la peau du jus de cerfeuil cru. Le cerfeuil ne fait que calmer la gêne, mais ne traite pas l'origine des démangeaisons qu'il faut déterminer pour pouvoir ensuite agir efficacement.

Contre-indications

Aucune connue.

Citronnelle

Melissa officinalis

Sous le nom de mélisse, la citronnelle était la base de l'eau de mélisse des Carmes, qui eut son heure de gloire au XVIIe siècle. Son odeur suave quand on froisse les feuilles, qui fait penser à celle du citron, avait la réputation d'éloigner la vermine et les insectes en général.

Culture

La citronnelle se sème en place au printemps, de préférence dans un endroit ensoleillé, et se multiplie encore plus facilement par division de touffes.

Récolte

Sommités fleuries et feuilles : fin du printemps et début de l'été.

Propriétés

La citronnelle est calmante et soigne les troubles du sommeil d'origine nerveuse. Elle est efficace contre les désordres du système digestif, et aide en particulier à évacuer les gaz intestinaux. Elle possède également quelques propriétés antivirales.

Recettes

Maurice Mességué donne une recette d'eau de mélisse à faire soi-même, améliorée par mes soins : mettez dans 1 litre d'eau-de-vie à 40° 50 g de la plante fleurie, 10 g de zeste de citron (non traité !), 10 g de muscade, 10 g de coriandre, 10 clous de girofle et 10 g de cannelle. Faites macérer à l'abri de la lumière en remuant souvent durant 2 semaines, puis filtrez et mettez en bouteille bien bouchée. Elle est utile en cas d'indigestion, mais aussi de troubles nerveux ou de vertiges, 1 cuillerée à café dans de l'eau ou du lait 2 fois par jour, 15 gouttes sur un sucre une seule fois par jour pour les enfants.

Pour soulager piqûres d'insectes, bleus et plaies peu profondes, faites un cataplasme de feuilles écrasées pour en libérer le suc.

Pour stimuler votre mémoire, prenez durant 10 jours par mois 3 tasses par jour d'une infusion de 30 g de sommités fleuries et de feuilles par litre d'eau.

Contre-indications

Aucune connue.

Laurier-sauce

Laurus nobilis

Arrivé d'Asie Mineure, il pousse aujourd'hui à l'état sauvage dans la région méditerranéenne et est cultivé dans les jardins dans le reste de notre pays. C'est un arbre pouvant atteindre 10 m de hauteur en climat doux, un petit arbuste régulièrement détruit par le gel ailleurs. Le laurier fait partie du bouquet garni et est souvent employé dans les marinades dont il assure la bonne conservation.

Propriétés

Le laurier est réputé favoriser la digestion et stimuler l'activité générale. Il possède également des propriétés antiseptiques. On tire de ses fruits une huile épaisse, appelée pour cette raison « beurre de laurier », très utile pour soulager les douleurs articulaires. Malheureusement, cette substance est difficile à extraire par un amateur non outillé.

Culture

Dans le Midi, le laurier-sauce peut se planter partout au jardin. Plus au nord, réservez-lui un endroit bien exposé et abrité des vents froids car il craint le gel.

Récolte

Feuilles : en été.

Recettes

Les fumigations de feuilles sèches permettent d'assainir une pièce ou une chambre de malade, en les jetant sur un brasero contenant des braises par exemple.

Pour soulager les douleurs, faites une décoction de 150 g de feuilles de laurier pour 1 litre d'eau en laissant bouillir 2 h. Filtrez et frictionnez la zone douloureuse avec le liquide tiédi.

Pour les rhumatismes douloureux, préférez les frictions à l'huile de laurier, fabriquée en laissant macérer 50 g de feuilles séchées durant 24 h avec 50 g d'alcool à 70° dans un récipient bien fermé. Puis ajoutez 1/2 litre d'huile d'olive et faites chauffer au bain-marie sans bouillir durant 6 h. Filtrez et mettez en bouteille.

Contre-indications

Aucune connue.

Marjolaine

Origanum marjorana

La marjolaine (photo de gauche) est très proche de l'origan sauvage (photo de droite) de nos régions et les deux plantes sont souvent confondues. Elle n'existe chez nous qu'à l'état cultivé car elle est originaire d'Afrique et d'Asie et est très sensible au gel. Cette plante à l'arôme délicat est bien injustement négligée en cuisine aujourd'hui.

Culture

Semez en place au printemps en terrain bien drainé, bien exposé et abrité des vents froids, ou en pot à rentrer l'hiver. L'origan sauvage résiste mieux au gel, mais il est moins parfumé.

Récolte

Feuilles et sommités fleuries : en été.

Propriétés

La marjolaine stimule l'activité du système digestif, et son action calmante sur le système nerveux n'est pas négligeable, à notre époque où le stress et la vie agitée favorise l'insomnie et les angoisses. Elle soigne aussi la douleur, et peut notamment calmer les maux de tête. Enfin, elle traite efficacement les petites affections de la bouche comme les aphtes et autres infections.

Recettes

Pour calmer l'angoisse avant un examen ou à cause d'un stress trop important, faites une infusion avec 50 g de plante en fleurs séchée dans 1 litre d'eau, et buvez 3 tasses par jour dont une au moment de vous coucher. Si vous souhaitez seulement retrouver un bon sommeil, ne prenez qu'une tasse au coucher.

En cas de mal de tête, utilisez une infusion dosée à 40 g de plante en fleurs séchée dans 1 litre d'eau, buvez-en une tasse et allongez-vous aussitôt au calme et dans la pénombre.

En cas de vertige, prenez 2 g de plante séchée réduite en poudre mélangée à une cuillérée de miel ou de confiture.

Pour faire des bains de bouche en cas d'aphte ou d'autre infection, faites une infusion avec 40 g de plante séchée par litre d'eau.

Contre-indications

Aucune connue.

Menthe verte

Mentha spicata

La menthe verte est originaire des montagnes d'Europe. Il existe plusieurs autres espèces de menthe, y compris des hybrides comme la menthe poivrée, aux propriétés semblables. D'odeur agréable, très rafraîchissante, elle parfume tisanes, thé, confiseries ou sirops.

Culture

La menthe se propage très facilement par éclat de touffes. Elle demande un sol riche, frais et bien fumé pour prospérer, mais là où elle se plaît elle a tendance à devenir envahissante.

Récolte

Feuilles et sommités fleuries : en été et au début de l'automne, séchage en bouquet.

Propriétés

La menthe contient du menthol aux propriétés antiseptiques reconnues. Elle active la digestion, régule les spasmes du tube digestif et de la vésicule biliaire et favorise l'expulsion des gaz intestinaux. Selon le dosage, la menthe peut être calmante voire sédative ou stimulante et tonifiante. Elle traite la toux et les irritations des voies respiratoires. Elle soulage les douleurs musculaires et nerveuses. Enfin, elle soigne la mauvaise haleine.

Recettes

Pour arrêter un hoquet rebelle, mélangez 1/2 cuillerée à café de jus frais de feuilles avec quelques gouttes de vinaigre et avalez d'un coup.

En cas de spasmes du système digestif, du système respiratoire ou de l'utérus, faites une infusion avec 20 g de feuilles et d'épis fleuris par litre d'eau et buvez une tasse 2 à 4 fois dans la journée.

Pour faire passer une envie de vomir, prenez une tasse d'une infusion de 30 g de feuilles dans 1 litre d'eau.

Les pieds fatigués et enflés sont soulagés par un bain dans une infusion non filtrée de 100 g de feuilles fraîches dans l'eau nécessaire pour remplir une cuvette.

Contre-indications

Il ne faut pas utiliser la menthe en cas de maladie grave du foie.

Romarin

Rosmarinus officinalis

Le romarin, arbuste de la garrigue méditerranéenne, se contente de peu de terre et d'eau pour exhaler ses puissants arômes volatils. Il est utilisé au moins depuis l'Antiquité dans la cuisine et comme plante médicinale.

Culture

Il se reproduit facilement au printemps par bouture d'une tige feuillée, en l'arrosant régulièrement jusqu'à la reprise de la pousse des feuilles.

Récolte

Sommités fleuries : au printemps. Les feuilles sont disponibles fraîches toute l'année.

Propriétés

Stimulant recommandé aux convalescents et autres personnes faibles, il augmente la sécrétion de l'urine, calme la toux, les palpitations, l'insomnie, l'angoisse et les migraines nerveuses. Il agit également sur le système digestif et fait baisser le taux de cholestérol dans le sang. Enfin, il soigne les affections de la peau et des muqueuses, les bleus et les entorses, accélère la cicatrisation et régularise les règles.

Recettes

Pour faire baisser votre taux de cholestérol, faites une cure en buvant 2 verres par jour pendant 20 jours de vin de romarin. Fabriquez-le en faisant macérer 40 g de sommités fleuries sèches dans 1 litre de vin rouge durant 3 ou 4 jours, filtrez avant usage.

Votre mémoire sera stimulée en prenant 3 tasses par jour durant 10 jours par mois d'une infusion de 30 g de sommités fleuries par litre d'eau.

2 tasses par jour d'une infusion de 20 g de sommités fleuries par litre d'eau permettent de surmonter une légère dépression.

Pour soulager un torticolis, appliquez 2 fois par jour autour du cou des compresses trempées dans une décoction chaude de 50 g de feuilles par litre d'eau, entourées d'une écharpe de laine pour qu'elles ne refroidissent pas trop vite.

Contre-indications

Aucune connue.

Sarriette

Satureja montana

La sarriette des montagnes est l'un des condiments les plus agréablement parfumés. Une espèce proche, la sarriette des jardins (*Satureja hortensis*), aux propriétés identiques, supporte des climats plus froids. La sarriette rend pois, fèves et haricots plus digestes, à condition d'assaisonner le plat juste avant de servir pour éviter qu'elle ne cuise.

Culture

La sarriette des montagnes se multiplie facilement par division de touffes au printemps. La sarriette des jardins doit être semée en place, sur une terre plus riche que l'espèce précédente, et se ressème ensuite toute seule là où elle se plaît.

Récolte

Sommités fleuries : en été, séchage en bouquet.

Propriétés

Outre le soulagement des ballonnements et son action favorisant la digestion des plats les plus lourds, la sarriette agit aussi bien sur les diarrhées chroniques que sur les diarrhées aiguës. Elle est aussi purgative et facilite la sécrétion d'urine, ce qui la rend utile pour traiter la goutte ou les calculs. Elle soigne les maux de gorge et aide à libérer les bronches des mucosités qui peuvent les encombrer.

Recettes

Pour soulager les douleurs de gorge lors d'une angine, faites une décoction avec 100 g de plante que vous laisserez bouillir 15 mn dans 1 litre d'eau, puis laissez macérer un autre quart d'heure. Filtrez, sucrez avec du miel. Prenez un coton maintenu au bout d'une pince, trempez-le dans le liquide et badigeonnez la gorge.

La bronchite se soigne avec 2 tasses par jour d'une infusion de 50 g de plante par litre d'eau.

Pour arrêter une diarrhée, buvez 3 tasses par jour d'une décoction de 80 g de plante par litre d'eau. En cas de ballonnement, buvez après le repas une tasse d'une infusion de 30 g de plante par litre d'eau.

Contre-indications

Aucune connue.

Sauge officinale

Salvia officinalis

La sauge a longtemps été considérée comme un remède universel, au moins depuis les Romains et jusqu'au XVIIIe siècle en passant par la célèbre école italienne de Salerne. Elle est très utilisée en cuisine, en particulier pour aromatiser les plats de légumineuses.

Culture

La sauge se plaît sur les terres pauvres et sèches. Elle se multiplie très facilement au printemps par semis, division des touffes, marcottage naturel ou bouture. Dans ce dernier cas, arrosez régulièrement jusqu'à la reprise.

Récolte

Feuilles : au printemps. Fleurs : fin du printemps et début de l'été.

Propriétés

La réputation de la sauge n'est pas usurpée, car elle a de nombreuses utilisations médicinales. Elle est précieuse pour son pouvoir antiseptique en usage externe, sa capacité à réduire les suées provoquées par l'anxiété ou certaines maladies et à atténuer les effets de la ménopause chez la femme, à faire baisser le taux de sucre dans le sang et à rendre du tonus aux personnes surmenées.

Recettes

Prenez des bains de bouche avec une infusion de 50 g de feuilles par litre d'eau pour soigner une gingivite.

Afin d'atténuer les suées nocturnes, buvez après chaque repas 1 cuillerée à soupe de vin de sauge. Vous le fabriquerez en laissant macérer une semaine 80 g de feuilles sèches dans 1 litre de vin rouge avant de filtrer.

Un vin plus fort fait avec 100 g de feuilles macérées pendant 10 jours, pris au même moment, stimulera les personnes fatiguées ou surmenées.

Pour atténuer les bouffées de chaleur au moment de la ménopause, buvez 3 tasses par jour d'une infusion de 20 g de feuilles et de fleurs par litre d'eau.

Le taux de sucre dans le sang diminuera en prenant 2 tasses par jour, entre les repas, d'une infusion de 15 g de feuilles par litre d'eau.

Contre-indications

La sauge est déconseillée aux femmes qui allaitent.

Thym

Thymus vulgaris

Le thym originaire de la garrigue méditerranéenne est un pilier de la cuisine, indispensable à de nombreuses recettes. Là où il est abondant, il fournit un miel délicieux, apprécié déjà des Athéniens de l'Antiquité.

Culture

Le thym est idéal en bordure de planche au potager. Multipliez-le par division de touffes au printemps ou par bouture d'un rameau enterré aux 2/3.

Récolte

Sommités fleuries : au printemps, séchage en bouquet. Feuilles : toute l'année.

Propriétés

Le thym contient du thymol, antiseptique très puissant. Il est très efficace pour soigner les infections ou les abcès comme pour désinfecter les blessures ou traiter les vers intestinaux. Mais il traite aussi la toux, facilite la digestion, augmente la sécrétion d'urine et s'avère tonique et stimulant.

Recettes

En cure préventive des maladies infectieuses, prenez chaque soir une tasse d'infusion dosée à 10 g de sommités fleuries par litre d'eau. Pour soigner une infection qui débute, notamment la grippe, faites une décoction avec 20 g de sommités fleuries sèches par litre d'eau et prenez 2 ou 3 tasses par jour. Cette même décoction est parfaite en usage externe pour laver et désinfecter une plaie.

En cas de crise de sinusite, vous pouvez faire des inhalations 3 fois par jour en mettant une poignée de plante dans un bol dans lequel vous verserez de l'eau bouillante.

Pour calmer la toux, fabriquez un sirop léger en sucre mais fort en goût dont vous prendrez régulièrement 1 cuillerée à soupe. Faites dissoudre 250 g de miel dans une décoction de 250 g de plante par litre d'eau.

Si un lumbago vous handicape, faites chauffer dans une poêle une grosse poignée de branches fraîches de thym et appliquez en cataplasme sur la zone douloureuse.

Contre-indications

Aucune connue.

Les rosiers structurent ce jardin de fleurs complété par un massif de lavande et des annuelles changeant de place chaque année au gré des semis spontanés ou des choix de la jardinière.

Le parterre de fleurs

Les belles couleurs des fleurs qui nous charment chaque printemps sont en fait des signaux destinés aux insectes, pour qu'ils viennent les butiner et les féconder.

À notre époque d'abondance, le potager utilitaire n'a plus la cote et les jardins sont devenus des espaces de détente et d'agrément. Aménagés pour le plaisir des yeux, ils prolongent la maison par un décor végétal évoluant sans cesse au fil des saisons. Les fleurs variant à l'infini jouent un grand rôle dans la structuration de ce paysage mouvant.

N'importe quelle jardinerie offre un vaste choix d'espèces décoratives en provenance des quatre coins du monde, sélectionnées pour la grosseur et la beauté de leur floraison, pour l'originalité de leur port ou de leur feuillage. La plupart des fleurs cultivées sont d'apparition récente. Mais certaines parmi les plus populaires peuplent nos jardins depuis l'Antiquité ou le Moyen Âge.

Si nous ne voyons plus que le côté esthétique des fleurs des jardins, elles ont souvent été cultivées autrefois pour leurs propriétés médicinales ou cosmétiques. Ces propriétés sont oubliées par la plupart des jardiniers, mais bien des laboratoires pharmaceutiques s'en souviennent. Vous trouverez par exemple dans toutes les pharmacies une pommade au calendula souveraine pour calmer les piqûres d'insectes, dont le principe actif est tiré du banal souci des jardins.

Les parterres de fleurs uniquement décoratifs n'ont pas beaucoup d'intérêt au jardin médicinal.

Il vaut mieux sélectionner les fleurs non seulement pour leur intérêt décoratif, mais aussi pour leurs propriétés médicinales. Bleuet, souci et bourrache assurent ces deux fonctions dans ce parterre plutôt traditionnel.

Bordures, massifs, potées, corbeilles, chaque jardinier peut mettre en scène comme il le souhaite le décor floral qui mettra en valeur les abords de la maison. Vivaces ou annuelles, mosaïculture changeant avec les saisons ou décor permanent, tout peut s'imaginer. Cependant, si certaines espèces doivent être également utilisées pour un usage médicinal, les mêmes remarques que pour le potager sont valables : ne pas utiliser d'engrais ni de pesticides chimiques.

Un autre aspect est à prendre en considération. Pour être riches en produits actifs, les plantes médicinales doivent être en bonne santé, pousser dans le bon terrain, à la bonne exposition. Une plante qui n'est pas à la bonne place est chétive, s'étiole, résiste mal à la concurrence de ses voisines. Bien sûr, le jardinier, au prix de soins constants, peut la maintenir en vie. Mais de faible constitution, elle aura peu d'intérêt comme remède. Il faut donc concevoir votre jardin floral en tenant compte de ce critère important.

Vous pouvez bien sûr un peu tricher avec la nature, en apportant quelques brouettes de gravas pour créer une petite butte calcaire et bien drainée dans un jardin à la terre acide et humide, ou creuser un bas-fond artificiel près d'une descente de gouttière dans un terrain plutôt sec. Mais il faudra peut-être vous faire à l'idée que certaines plantes ne sont pas faites pour votre jardin.

Si vous êtes comme moi un jardinier plus contemplatif qu'actif, laissez faire la sélection naturelle pour trier parmi les fleurs celles qui se plaisent dans votre terrain et y prospéreront à long terme, et celles qui disparaîtront plus ou moins vite face à la concurrence.

L'aménagement des parterres décoratifs est affaire de goûts personnels. Certains préfèrent les « mixed borders » plutôt fouillis à la mode anglaise, d'autres comme ici un jardin structuré, presque géométrique.

Semez en place les annuelles et les bisannuelles, plantez ou semez les vivaces, et ensuite contentez-vous d'un soin minimum : un peu d'arrosage à la levée, un désherbage manuel de temps en temps pour favoriser les jeunes plants qui vous plaisent. Laissez ensuite chaque plante former et disperser ses graines pour renouveler les générations, et admirez le spectacle.

Vous vous rendrez compte très vite que certaines fleurs n'ont pas besoin de vous pour prospérer. Au contraire, elles se diffusent peu à peu dans tout le jardin par leur propre moyen. C'est ce que le paysagiste Gilles Clément appelle le jardin en mouvement, l'apparition à un endroit inattendu d'une plante qui n'a pas été plantée ou semée par le jardinier. Parfois, vous devrez même intervenir pour limiter l'expansion de ces espèces conquérantes, afin de faire un peu de place aux fleurs moins dynamiques.

Vous pouvez vous-même mettre votre touche dans ce jardin en mouvement en replantant ailleurs de jeunes plants en surnombre issus de semis spontanés ou en éclatant des touffes de vivaces devenues trop denses. Par ces travaux, en mettant régulièrement à nu des zones dans les massifs et les parterres, vous permettrez à la banque de graines du sol de s'exprimer. Peut-être qu'une espèce semée quelques années auparavant et que vous pensiez disparue réapparaîtra spontanément, sans parler des semences apportées des jardins voisins par le vent ou les animaux.

La tendance actuelle en horticulture est de sélectionner des plantes toujours plus florifères. Les fleurs augmentent de taille, des variétés doubles voire triples multiplient le nombre des pétales, la floraison s'étale sur des semaines voire des mois, des hybrides ne se reproduisant pas par graines envahissent les étals.

Ces variétés modernes, monstrueuses par bien des égards, ne sont pas intéressantes au jardin de fleurs médicinal. La sélection s'est faite sur des détails de forme, de coloris ou de cycle sans prendre en compte la teneur de la plante en principes actifs. À de rares exceptions près, comme le bleuet dont la variété double est plus productive car ses vertus médicinales se concentrent dans les fleurs, préférez les variétés anciennes, simples et rustiques, celles-là mêmes qui ont été autrefois introduites dans les jardins pour servir de remèdes.

Difficile de reconnaître un bleuet dans cette variété à fleur double et rose pâle. Seules les variétés ayant gardé la couleur bleue sont à utiliser en phytothérapie.

Bleuet des moissons

Centaurea cyanus

Le bleuet est une plante originaire d'Asie, qui poussait dans le même milieu que le blé sauvage. Il s'est adapté aux champs cultivés de céréales et les premiers agriculteurs l'ont diffusé jusque dans nos régions. Sa jolie couleur bleue l'a fait entrer au jardin, et la sélection a fait apparaître des variétés blanches, roses ou à fleurs doubles, le bleuet barbeau.

Culture

Semez en place au printemps ou à l'automne sur une terre nue, débarrassée des herbes folles, en situation ensoleillée.

Récolte

Fleurs : à la fin du printemps et au début de l'été.

Propriétés

L'un des noms populaires du bleuet est « casse-lunettes », référence explicite à ses remarquables propriétés pour soigner les yeux fatigués. Il est encore irremplaçable dans ce rôle de nos jours. Des centaines d'hectares sont consacrés à sa culture pour alimenter en matière première les laboratoires pharmaceutiques qui l'utilisent dans leurs médicaments pour les yeux. Mais le bleuet active aussi la sécrétion de l'urine en cas d'œdème.

Recettes

Si vous avez les yeux irrités ou fatigués, soulagez-les par un lavage avec une infusion de 40 g de fleurs séchées par litre d'eau, puis gardez sur chaque œil durant 15 mn une compresse imprégnée de cette infusion.

En cas de conjonctivite, c'est-à-dire d'inflammation du blanc de l'œil qui devient souvent rouge, faites une décoction avec 30 g de fleurs séchées par litre d'eau avec laquelle vous vous baignerez les yeux. Cette préparation doit être fraîche pour avoir toute son efficacité, aussi ne préparez que la quantité nécessaire à chaque fois.

Pour traiter un œdème, prenez 3 tasses par jour, durant 3 semaines au maximum, d'une infusion de 30 g de fleurs sèches par litre d'eau.

Contre-indications

Aucune connue.

Bourrache

Borago officinalis

Arrivée au milieu du Moyen Âge dans notre pays via l'Espagne musulmane, cette plante a été utilisée au départ en légume comme les épinards. Elle s'est maintenue pour un usage médicinal et décoratif grâce à ses belles fleurs bleues en étoile.

Culture

Semez à la volée sur une terre nue et ameublie, en enfouissant les graines d'un coup de râteau, à l'automne ou au printemps.

Récolte

La floraison peut s'étaler de la fin de l'hiver à l'automne.

Propriétés

La bourrache stimule la production de sueur et d'urine. Quelques feuilles mises dans le potage du soir, et vous aurez de grandes chances de devoir vous lever au milieu de la nuit pour aller aux toilettes ! Les fleurs, adoucissantes, calment la toux, et le jus de la plante est utile en cure de printemps pour purger l'organisme des toxines accumulées durant l'hiver. Mais la bourrache n'est active que fraîche. Comme sous les climats doux elle pousse et fleurit presque tout au long de l'année, elle est presque toujours disponible quand on en a besoin.

Recettes

Une infusion de 30 g de fleurs par litre d'eau a de nombreux usages, mais les doses journalières varient selon les maladies. En cas de fièvre, prenez 1 tasse par jour. Pour calmer la toux, provoquer la sudation et éliminer de cette façon les toxines présentes dans l'organisme ou soigner l'herpès, vous pouvez en prendre jusqu'à 3 tasses par jour. En cas de rougeole, prenez 1 tasse sucrée au miel de cette infusion toutes les deux heures.

La grippe se soigne en prenant 3 tasses par jour d'une infusion moins concentrée, seulement 20 g de fleurs par litre d'eau.

Contre-indications

Aucune connue, mais les infusions doivent être soigneusement filtrées pour éliminer les poils irritants qui pourraient s'y trouver.

Capucine

Tropaeolum majus

La capucine originaire d'Amérique du Sud a gardé de son origine un tempérament frileux. Elle contient un composé soufré assez semblable à ceux que l'on trouve chez le chou ou le cresson qui lui donne un petit goût piquant très agréable. Ses feuilles relèvent le goût de la soupe et ses boutons floraux se confisent au vinaigre comme les câpres.

Culture

Semez en place au milieu du printemps, sur tout sol et à toutes les expositions, mais elle est plus dynamique au soleil. Prévoyez un support pour cette plante grimpante.

Récolte

Fleurs : en été et au début de l'automne, ne cueillez que les fleurs juste ouvertes. Feuilles : au printemps avant la floraison.

Propriétés

Riches en vitamine C, feuilles et fleurs ajoutées à la salade ouvrent l'appétit et facilitent la digestion. Consommez-les de préférence le soir, car elles aident à retrouver un bon sommeil. La capucine est aussi efficace contre les infections aux colibacilles et soigne les bronchites, mais comme il faut utiliser du jus frais son emploi est limité pour cette dernière maladie. Chez les femmes, elle favorise la régularité des règles. Enfin, sa forte teneur en soufre permet de lutter contre la chute des cheveux.

Recettes

En cas d'infection aux colibacilles, buvez chaque matin à jeun durant 15 jours 20 g de suc extrait de feuilles fraîches. Pour soulager la toux, notamment en cas de bronchite, prenez 30 g de suc frais de feuilles dilué dans un verre de lait sucré au miel.

Si vos règles sont insuffisantes, prenez une semaine avant la date du début des règles 2 tasses par jour d'une infusion de 20 g de feuilles par litre d'eau.

Contre-indications

Les principes soufrés peuvent provoquer de légers troubles chez certaines personnes sensibles.

Lavande

Lavandula angustifolia

La lavande est une plante originaire des montagnes méditerranéennes. Si elle a besoin de soleil pour s'épanouir et exhaler tout son parfum, elle supporte les froids modérés et peut être cultivée assez loin au nord de sa région d'origine. Nos grands-mères en parfumaient le linge pour tenter d'en écarter les mites.

Culture

La lavande peut se multiplier par éclats de vieille souche, mais il est préférable de repiquer au printemps de jeunes plants en godet en situation bien ensoleillée.

Récolte

Sommités fleuries : à la fin du printemps et au début de l'été, juste avant l'épanouissement.

Propriétés

Comme beaucoup de plantes aromatiques, la lavande facilite les fonctions digestives, stimulant le foie, aidant à l'expulsion des gaz intestinaux et favorisant la sécrétion de l'urine. C'est également un bon antiseptique, notamment en usage externe, avec de réelles propriétés cicatrisantes. Elle est calmante, efficace contre l'anxiété comme contre les troubles du sommeil. Enfin, sans être vraiment insecticide, elle repousse certains insectes.

Recettes

Pour un bain à la fois calmant et très agréablement parfumé, à prendre juste avant le coucher, faites infuser 20 g à 100 g de fleurs sèches pour 20 litres d'eau bien chaude à laisser tiédir. Mettez la lavande dans un sac en gaze aérée facile à retirer quand la plante a suffisamment infusé. Vous pouvez également faire infuser 200 ou 300 g de fleurs dans 3 litres d'eau bouillante, à mélanger ensuite à l'eau du bain.

L'acné se traite avec un vinaigre de lavande fabriqué en faisant macérer durant 8 jours 100 g de fleurs fraîches dans 1 litre de vinaigre blanc. Filtrez, mettez en bouteille. Ajoutez à l'eau de la toilette 1 cuillerée à soupe de ce vinaigre.

Contre-indications

Aucune connue.

Lilas

Syringa vulgaris

Le lilas est originaire d'Iran et est arrivé via Constantinople et les Turcs ottomans au XVIe siècle. Mais depuis il a fait son chemin et c'est l'un des arbustes décoratifs les plus répandus dans nos jardins. Il est vrai que son abondante floraison blanche ou mauve au début du printemps, et son agréable odeur, flattent les yeux comme le nez du jardinier.

Culture

Très rustique, le lilas s'adapte à tous les jardins et peut être multiplié en prélevant un rejet. Couper les fleurs est la meilleure taille pour favoriser une bonne floraison l'année suivante.

Récolte

Fleurs et feuilles : au printemps.

Propriétés

Les bienfaits du lilas lui viennent de sa grande amertume, qui se concentre dans ses fleurs, ses fruits verts, ses feuilles et sa jeune écorce. La plante est la plus riche en principes actifs au printemps, moment propice pour la récolte. Cette amertume est due à deux substances particulièrement concentrées dans ses organes, un glucoside et une molécule particulière au lilas appelée la syringopicrine. La plante peut ainsi faire tomber la fièvre et soulage efficacement les douleurs articulaires, en particulier les rhumatismes. C'est aussi un bon stimulant du système digestif, mais dans cet usage on lui préfère souvent d'autres plantes tout aussi efficaces et au goût bien plus agréable.

Recettes

La fièvre peut être traitée avec une décoction de 50 g de fleurs séchées de lilas par litre d'eau, 1 tasse toutes les 3 ou 4 h tant que nécessaire.

En cas de rhumatismes ou de sciatique, frictionnez la zone douloureuse avec de l'huile de lilas. Fabriquez-la en faisant macérer durant un mois au soleil 300 g de fleurs et de feuilles fraîches dans 1 litre d'huile d'olive.

Contre-indications

Aucune connue.

Pervenche

Pervinca major

Il existe deux espèces de pervenche, la grande et la petite, qui ont des propriétés assez voisines. Originaires des forêts européennes, ces deux belles fleurs font un excellent couvre-sol dans les situations ombragées, notamment au pied des arbres, ce qui explique leur succès dans les jardins depuis au moins le Moyen Âge. Mais probablement la raison première de leur mise en culture est à rechercher dans leurs vertus médicinales.

Culture

Les pervenches se multiplient facilement par marcottage naturel. Elles viennent en tout sol, de préférence à l'ombre ou à mi-ombre, la petite pervenche pouvant aussi réussir en terrain ensoleillé.

Récolte

Feuilles : au début de l'automne. La plante étant persistante, les feuilles sont normalement disponibles fraîches toute l'année.

Propriétés

La plus utilisée des propriétés de la pervenche est sa remarquable capacité à arrêter saignements et hémorragies, qu'il s'agisse de blessures, de saignements de nez ou de règles. Mais elle permet de lutter contre l'hypertension, régule les fonctions digestives et agit sur le diabète.

Recettes

Si vous êtes diabétique, vous pouvez faire des cures régulières en buvant durant 10 jours 1 litre d'une décoction de 30 g de feuilles par litre d'eau.

Une contusion sans plaie ouverte se soigne en appliquant sur la zone touchée un cataplasme de feuilles fraîches broyées. Comme la plante reste verte toute l'année, même au cœur de l'hiver, elle fournit un remède toujours disponible.

En cas de saignements de nez ou des voies urinaires, buvez 2 tasses par jour d'une décoction de 50 g de feuilles par litre d'eau.

Pour apaiser une envie de vomir en cas d'indigestion, prenez une infusion de 30 g de feuilles par litre d'eau.

Contre-indications

Aucune connue.

Rosier de Provins

Rosa gallica

Tous les rosiers n'ont pas le même intérêt médicinal, et le rosier des apothicaires depuis le Moyen Âge est le rosier de Provins aux belles fleurs doubles rouge vif. C'est un rosier issu d'un églantier sauvage d'Europe méridionale et d'Asie occidentale, amélioré par la culture, à l'odeur délicate.

Culture

Les rosiers sont présents dans presque tous les jardins tellement leur culture est facile. Pensez à planter des rosiers greffés sur églantier commun si votre terrain est calcaire.

Récolte

Fleurs : à la fin du printemps. Cueillez la fleur en bouton prêt à s'épanouir, retirez les étamines et coupez l'onglet jaunâtre des pétales.

Propriétés

La rose est utilisée pour lutter contre les diarrhées, pour soulager les inflammations, pour diminuer les saignements et pour accélérer la guérison des blessures. Elle soigne aussi les maux de gorge et certains désordres digestifs. L'eau de rose, difficile à fabriquer soi-même mais vendue dans toutes les pharmacies, est une excellente lotion naturelle pour nettoyer la peau, en particulier en cas d'acné ou de points noirs.

Recettes

Vous pouvez faire une lotion pour laver la peau qui possède presque la même efficacité que l'eau de rose des pharmaciens, sans la distillation à la vapeur que cette dernière nécessite. Faites une infusion de 150 g de pétales séchés par litre d'eau. Mais au lieu de laisser infuser quelques minutes seulement, attendez 45 mn avant de filtrer et d'utiliser.

Pour soulager les coups de soleil, enduisez-les de vinaigre rosat. Celui-ci se fabrique avec 100 g de pétales frais sur lesquels vous versez 1 litre de vinaigre de vin rouge. Bouchez le récipient et exposez-le au soleil durant 15 jours avant de filtrer et de mettre en bouteille.

Contre-indications

Aucune connue.

Souci des jardins

Calendula officinalis

Cette plante méditerranéenne est cultivée depuis au moins l'Antiquité pour ses vertus médicinales. Au Moyen Âge, elle était souvent associée au potager, la fleur servant aux gens du peuple à colorer les plats à la place du safran hors de prix pour eux. Les boutons floraux étaient confits dans le vinaigre à la manière des câpres.

Culture

Rustique et peu exigeant, le souci se satisfait de tout sol bien ensoleillé. Semez-le en place, et éclaircissez en repiquant ailleurs les plants arrachés.

Récolte

Fleurs : au printemps et en été, le matin juste avant l'épanouissement. Feuilles : au printemps et en été.

Propriétés

Le souci est précieux en cas de piqûres, de contusions, de plaies, de brûlures. Mais il a aussi une action efficace sur les cors et les verrues, soigne les ulcères d'estomac et régularise le cycle menstruel des femmes.

Recettes

Vous pouvez fabriquer une pommade pour soulager piqûres et brûlures et pour accélérer la guérison des plaies et la disparition des bleus en mélangeant 1 cuillerée à soupe de jus frais extrait des feuilles dans 250 g de beurre ramolli à la température ambiante et parfumé de quelques gouttes d'eau de rose.

Pour traiter un cor douloureux ou une verrue gênante, appliquez 4 fois par jour des feuilles fraîches, en prenant soin de protéger les tissus sains voisins de leur action corrosive.

L'irrégularité des règles, notamment au moment de la ménopause, se traite en buvant 3 tasses par jour, une semaine avant la date prévue des règles, d'une infusion de 30 g de fleurs par litre d'eau.

En cas d'ulcère variqueux, lavez la plaie avec une décoction de 100 g de pétales par litre d'eau, en laissant bouillir 30 mn.

Contre-indications

Aucune connue.

Tanaisie

Tanacetum vulgare

Goûtez un morceau de feuille de tanaisie et vous serez surpris de son extrême amertume. Et pourtant, ce fut au Moyen Âge une plante condimentaire pour confectionner des sauces. Contrairement à la plupart des plantes aromatiques, celle-ci est originaire de la moitié nord de l'Europe et ne se trouve plus au sud que dans les jardins où elle est aujourd'hui cultivée surtout comme plante décorative.

Culture

Si le semis est possible, il est bien plus simple de multiplier la tanaisie par division de touffes en automne ou au printemps tellement la reprise est facile.

Récolte

Sommités fleuries : à la fin du printemps et au début de l'été.

Propriétés

Toute la plante est très odorante. Elle avait autrefois la vertu de chasser les insectes et autres vermines. S'il est vrai que cette odeur forte et particulière doit être répulsive pour certaines espèces, il est illusoire de compter sur elle pour chasser tous les insectes gênants de la maison. Son action bienfaisante sur les vers intestinaux ou sur les rages de dent est plus réelle, ainsi que ses vertus digestives ou pour soigner les contusions ou les entorses.

Recettes

En cas de rage de dent, pour calmer la douleur en attendant l'intervention du dentiste, prenez un bain de bouche avec une infusion de 50 g de sommités fleuries par litre d'eau.

La douleur d'une entorse est soulagée et la guérison accélérée par des compresses imbibées d'une infusion de 60 g de sommités fleuries par litre d'eau. Bandez l'articulation et renouvelez les compresses toutes les 3 h.

Les vers intestinaux peuvent être combattus par voie externe, en posant sur le ventre des compresses chaudes imbibées d'une décoction de 50 g de sommités fleuries par litre d'eau qu'il faut saler.

Contre-indications

Aucune connue.

Violette odorante

Viola odorata

Il existe plusieurs espèces très proches de violette dans les bois de nos régions. La violette odorante s'en distingue par son parfum délicat. Dans la région de Toulouse, les fleurs d'une variété particulière sont glacées au sucre pour donner une confiserie renommée.

Culture

Préférant la mi-ombre et les terrains frais, elle se multiplie par semis en place au début du printemps ou par division des touffes à la même époque.

Récolte

Fleurs : à la fin de l'hiver et au début du printemps. Feuilles et racines : en été.

Propriétés

La violette soigne les maladies de l'appareil respiratoire : rhumes, bronchites, angines, pneumonies ou coqueluches. Les feuilles soignent les inflammations, les irritations du système digestif et les maladies des yeux, alors que les racines font vomir et sont purgatives.

Recettes

Pour soigner en gargarisme les bronchites, les angines et les rhumes, Maurice Mességué donne la recette d'un sirop de violette à fabriquer en laissant macérer 3 poignées de fleurs fraîches dans 1 litre d'eau avec 1 kg de sucre durant 6 h. Faites réduire le liquide obtenu 1 h au bain-marie, filtrez et mettez en bouteille.

Pour calmer des gerçures, faites un emplâtre avec des feuilles fraîches légèrement écrasées, ou bien avec des feuilles cuites.

Pour faire vomir en cas d'indigestion ou d'intoxication alimentaire, préparer une décoction de 15 g de racine écrasée dans 1/4 de litre d'eau. Buvez la préparation très sucrée, et en 2 fois.

Pour calmer la toux, buvez une décoction de 10 g de racine de violette par litre d'eau en laissant bouillir 20 mn.

Lavez les paupières enflammées pour les soulager avec une infusion de 30 g de feuilles par litre d'eau.

Contre-indications

Aucune connue.

Pour enrichir le jardin en fleurs sauvages des prairies, pourquoi ne pas laisser pousser une partie de la pelouse, qui sera fauchée une seule fois à l'automne ?

Un pied de bardane et une touffe de chélidoine se sont installés devant la cabane de jardin.

Les herbes folles

Par moment, le potager prend l'aspect d'une friche fleurie où dominent le rouge du coquelicot et le bleu de la bourrache.

Une belle touffe d'ortie a trouvé sa place au pied du tronc d'un pommier que sa couronne très basse oblige à contourner.

Les mauvaises herbes comme on les appelle, mais je préfère parler d'herbes folles, horripilent le jardinier par leur insolence à pousser vigoureusement là où la plante cultivée avec amour et entourée de tant de soins végète misérablement. Et pourtant, nul mystère là-dessous. L'herbe folle est venue toute seule, elle est parfaitement adaptée au sol, au climat et à l'exposition.

Si vous bêchez un mètre carré du potager au printemps, quelques jours plus tard des milliers de plantules émergent de la terre, germination spontanée des graines présentes dans la terre. Laissez faire la nature et, à l'automne, il n'y aura guère plus de quelques dizaines de plantes. Les autres auront disparu, victimes de l'intense concurrence pour la lumière, l'eau, les éléments nutritifs.

Cette sélection naturelle impitoyable explique pourquoi les herbes folles sont si vigoureuses. Les plants malades, chétifs, mal adaptés, mal conformés ont péri étouffés sous l'ombre de leurs voisins. Voilà pourquoi les souches sauvages sont souvent plus actives comme remède médicinal que les variétés cultivées artificiellement favorisées par le jardinier.

N'importe quelle herbe folle n'apparaît donc pas n'importe où au jardin. Chacune est adaptée à un milieu particulier, et si celui-ci ne se trouve pas dans votre jardin, vous n'aurez pas non plus le cortège de plantes sauvages qui lui correspond.

Les plantes sauvages les plus répandues sont les annuelles des terres nues et remuées. Elles germent et poussent rapidement sur la moindre surface de terrain mis à nu. Que vous récoltiez un légume au jardin, que vous biniez autour d'un massif ou que vous prépariez le repiquage d'une bordure fleurie, aussitôt bourse à pasteur, chénopode blanc ou lamier pourpre en profitent pour s'installer.

D'autres plantes ont besoin de rester tranquille plus longtemps pour se développer comme la bardane, le bouillon blanc, l'ortie ou la ronce. Ce sont souvent des plantes bisannuelles ou vivaces de grand développement, typiques des friches et des lieux vagues. Elles s'implantent souvent dans un coin à l'écart et un peu négligé du jardin.

D'autres encore sont des vivaces qui ne peuvent vivre et fleurir que dans un milieu permanent comme la pelouse. Si elles supportent très bien la fauche ou la tonte, elles disparaissent si la terre est retournée, laissant provisoirement la place aux annuelles, puis aux bisannuelles. Parmi ces fleurs des prairies capables de s'implanter au jardin se comptent la mauve, le millepertuis, le plantain ou le pissenlit.

D'autres plantes enfin sont sensibles aux conditions du terrain. La chélidoine par exemple recherche des terrains plutôt secs, au point de pousser entre les pierres d'un vieux mur. Le liseron des haies a besoin au contraire d'un terrain frais, voire humide. Si le coquelicot ne peut prospérer qu'au soleil, le géranium herbe-à-robert supporte très bien l'ombre.

La campagne est riche de plantes sauvages médicinales absentes de votre jardin et qui vous seraient utiles ? Plutôt que de les ramasser n'importe où, sans savoir si elles ne sont pas souillées ou polluées, pourquoi ne pas les introduire chez vous ?

La méthode est simple. Repérez les plantes qui vous intéressent quand elles sont en fleurs, c'est-à-dire au moment où elles peuvent être identifiées avec certitude. Relevez le type de milieu qu'elles occupent. Puis revenez régulièrement vérifier l'état de mûrissement des graines. Cela peut prendre quelques jours seulement, comme pour le pissenlit, quelques semaines ou quelques mois.

Quand les semences sont mûres, ramassez-les et semez-les au jardin dans un endroit le plus semblable possible au milieu où poussait la plante porte-graine, sur un petit carré de terre mise à nue et bien émiettée. Laissez ensuite faire la nature, et si la plante se plaît chez vous, vous la verrez fleurir les années suivantes. Soyez patient avant de conclure à l'échec car il faut parfois deux ou trois ans avant qu'une plante vivace ne manifeste sa présence.

Les graines prêtes à s'envoler du pissenlit forment une grosse boule ronde rendue célèbre par le logo des éditions Larousse, qui « sèment à tout vent ».

Bardane

Arctium lappa

Milieu

Cette plante des friches, des bords des chemins et des fossés aime les sols riches, lourds et frais. Si elle préfère le soleil, elle s'accommode aussi de la mi-ombre. Bisannuelle à grand développement, elle a besoin d'espace.

Culture

À l'automne, ses fruits épineux s'accrochent aux vêtements. Récoltez les graines à ce moment-là, et faites-les tremper 48 h avant de les semer à 1 cm de profondeur.

Récolte

La bardane est active surtout à l'état frais. Les feuilles de cette bisannuelle peuvent être présentes au jardin toute l'année. Les racines se ramassent à l'automne sur les plants de l'année.

Propriétés

Stimulant la sécrétion de l'urine comme de la sueur, la bardane est une plante propre à nettoyer le sang de ses toxines. Elle traite également les diverses affections de la peau, acné, ulcères, brûlures ou effets secondaires des maladies à éruptions cutanées comme la rougeole ou la scarlatine.

Recettes

Pour accélérer la cicatrisation d'un abcès vidé de son pus, faites un cataplasme de feuilles fraîches bien lavées et séchées que vous maintiendrez avec une bande, à renouveler chaque jour.

En cas d'acné, prenez 1 tasse le matin à jeun et 2 autres tasses dans la journée entre les repas d'une décoction de 50 g de racine fraîche par litre d'eau, que vous aurez laissé bouillir 15 mn.

Pour soulager une démangeaison gênante, lavez la zone atteinte plusieurs fois par jour, mais sans rincer pour laisser la plante agir, avec une décoction de 100 g de racine fraîche par litre d'eau que vous aurez laissé bouillir 15 mn.

Après une piqûre d'insecte, frottez la zone douloureuse avec une feuille fraîche légèrement broyée pour libérer les sucs, en retirant auparavant le dard si celui-ci est resté fiché dans la peau.

Contre-indications

Aucune connue.

Bouillon blanc

Verbascum thapsus

Milieu

Plante typique des milieux plutôt secs, le bouillon blanc prospère sur les terrains bien drainés pierreux ou sableux, talus, friches ou prairies sèches. Cette bisannuelle imposante a besoin d'espace, mais son feuillage grisâtre et sa hampe florale décoratifs peuvent la faire utiliser dans un massif fleuri.

Culture

Récoltez les graines à l'automne quand les capsules sèches commencent à s'ouvrir et semez-les immédiatement ou au printemps suivant.

Récolte

Les feuilles s'utilisent fraîches. Fleurs : en été, au fur et à mesure de leur épanouissement le long de la hampe.

Propriétés

Le bouillon blanc est un excellent remède des irritations du système respiratoire et, comme il est adoucissant et calmant, il peut également traiter les crises d'angoisse, les palpitations, les crampes d'estomac et les douleurs nerveuses. Il soigne également les rhumatismes, les plaies, les brûlures et les hémorroïdes. C'est surtout la fleur qui concentre ces vertus, l'action de la feuille est plus atténuée.

Recettes

Pour calmer la douleur d'un abcès en cours de développement et le faire mûrir plus vite, ou pour soulager des hémorroïdes, faites cuire dans du lait des feuilles fraîches que vous mettrez sur l'abcès en les maintenant avec une bande et en les renouvelant toutes les 2 ou 3 h.

Pour calmer la toux, prenez 3 tasses par jour entre les repas d'une décoction de 20 g de fleurs par litre d'eau.

En cas d'insomnie, prenez une tasse au moment de vous coucher d'une infusion de 25 g de fleurs par litre d'eau.

Pour soulager les rhumatismes, frictionnez l'articulation douloureuse avec de l'huile d'olive dans laquelle auront macéré durant 8 jours 1 poignée de fleurs sèches pour 1/4 de litre d'huile.

Contre-indications

Aucune connue.

Bourse à pasteur

Capsella bursa-pastoris

Milieu

Plante des sols remués et nus, la bourse à pasteur se contente souvent d'une fissure dans un vieux mur ou de l'espace entre deux pavés. De croissance rapide, elle peut fleurir tout au long de l'année, surtout dans les jardins urbains plus abrités que les campagnes environnantes.

Culture

Ramassez les graines en brisant les petites capsules à la forme de cœur caractéristique quand elles sont sèches et semez immédiatement sur une terre nue.

Récolte

Plante entière sans les racines : toute l'année.

Propriétés

La bourse à pasteur est renommée depuis le Moyen Âge au moins pour sa capacité à soigner les hémorragies. Elle contribue également à resserrer et à contracter les tissus. Elle est donc précieuse pour traiter les plaies ouvertes ou les saignements internes, et elle agit également sur les règles.

Recettes

En cas de plaie ouverte, appliquez sur la blessure des feuilles fraîches froissées ou légèrement broyées.

Pour stopper un saignement de nez, pressez des feuilles fraîches pour en extraire du suc dont vous imbiberez un morceau de coton à introduire dans la narine qui saigne.

En cas de crachement de sang, buvez une infusion de 30 g de plante séchée ou 60 g de plante fraîche par litre d'eau. Cette infusion est aussi utile contre les saignements de nez, soit en usage interne, soit en imbibant un morceau de coton à introduire dans la narine qui saigne.

Lors de la ménopause, pour pallier les irrégularités du flux sanguin des règles, prenez 3 tasses par jour d'une décoction de 30 g de plante par litre d'eau.

Contre-indications

Les saignements pouvant avoir des causes très diverses, cette plante ne doit être utilisée que pour les cas bénins. Les saignements répétés relèvent de la compétence d'un médecin.

Chélidoine

Chelidonium majus

Milieu

Impossible à confondre avec aucune autre plante de nos régions à cause de son suc jaune foncé qui s'écoule de la tige quand on la brise, la chélidoine est une plante des terrains secs qui prospère dans les friches, les décombres et sur les murs. Les gousses mûres s'ouvrent à la moindre caresse par temps sec, expulsant les petites graines rondes aux alentours.

Culture

La plante fleurissant du printemps à l'automne, vous pouvez récolter les graines facilement tout au long de la belle saison. Semez-les aussitôt en les jetant dans les fentes d'un mur ou sur un sol nu mais pas forcément travaillé.

Récolte

La plante ne s'emploie que fraîche (sève), mais comme elle est vivace elle est disponible presque toute l'année.

Propriétés

Pour les paysans d'autrefois, la chélidoine était l'herbe aux verrues, souveraine pour traiter cette affection. Elle a bien d'autres propriétés reconnues, pour soigner le foie ou faire baisser la tension notamment, mais comme c'est aussi une plante qui attaque les tissus de l'organisme, elle ne doit jamais être utilisée pour un usage interne. D'autre part, comme la sève tache d'une manière indélébile certains tissus mais aussi la peau, manipulez la plante avec précaution.

Recettes

Pour traiter une verrue, un cor au pied, un durillon ou un simple cal de la peau, appliquez 3 ou 4 fois par jour de la sève fraîche. Vous pouvez faciliter l'application en mélangeant la sève à de la glycérine. Afin de protéger les tissus sains avoisinant l'action corrosive de la plante, fabriquez un cache avec un morceau de sparadrap ne laissant apparaître que la zone à traiter.

Contre-indications

Ne jamais prendre en usage interne, la plante contenant des alcaloïdes toxiques.

Coquelicot

Papaver rhoeas

Milieu

Le coquelicot est indissociable des champs de blé et autres céréales. Mais il a su s'adapter à d'autres milieux de substitution, friches et autres terrains remués. C'est la plante des chantiers, la première à fleurir au bord d'une nouvelle route ou dans le jardin encore en friche d'une maison neuve.

Culture

Récoltez les graines dans le courant de l'été, quand les capsules sèches se brisent entre les doigts. Semez immédiatement en place pour avoir des fleurs l'année suivante.

Récolte

Fleurs : à la fin du printemps. Faites sécher en couche fine.

Propriétés

Cousin du pavot, le coquelicot n'a pas ses propriétés narcotiques, mais c'est une plante calmante utile contre l'insomnie, la nervosité, l'anxiété. Elle soulage également les douleurs d'origine nerveuse et est très utile pour traiter les maladies du système respiratoire.

Recettes

Une angine ou une bronchite se soignent avec 3 tasses par jour d'une infusion sucrée avec du miel de 20 g de fleurs par litre d'eau. Cette même infusion est aussi utile pour calmer un état nerveux excité.

Pour lutter contre l'insomnie et retrouver un sommeil réparateur, prenez au coucher une tasse d'infusion de 15 g de fleurs par litre d'eau.

En cas de toux, prenez 2 à 4 cuillérées par jour d'un sirop fabriqué avec 400 g de fleurs fraîches. Mettez-les dans un récipient, versez dessus 1 litre d'eau bouillante et laissez infuser à couvert durant 12 h. Filtrez soigneusement, ajoutez 1,4 kg de sucre, faites cuire jusqu'à épaississement et mettez dans plusieurs petites bouteilles bien fermées pour avoir des réserves pour toute la mauvaise saison.

Contre-indications

À très forte dose, le coquelicot peut être toxique. Respectez toujours les quantités et les fréquences de prise.

Géranium herbe-à-robert

Geranium robertianum

Milieu

Cette plante annuelle prospère sur les sols plutôt acides au soleil comme à l'ombre. Elle se rencontre au bord des haies et des chemins, sur les talus, les décombres et les murs.

Culture

Les graines mûrissent les unes après les autres au long de la belle saison. Une simple caresse sur la plante suffit à déclencher l'éjection des graines mûres, expulsées au bout d'un long appendice qui se vrille. Semez-les en place dès la récolte ou au printemps suivant en surface d'une terre finement travaillée, en tassant pour qu'elles adhèrent bien.

Récolte

Plante entière : à la fin du printemps et au début de l'été, séchage en bouquet.

Propriétés

Le géranium herbe-à-robert est surtout réputé pour arrêter les saignements, qu'ils soient internes ou externes. Mais il est aussi utilisé pour soigner les ulcères et guérir plus rapidement les blessures par son action cicatrisante. Il fait baisser le taux de sucre dans les urines chez les personnes sujettes au diabète.

Recettes

En cas de saignement interne, crachat de sang ou perte de sang par l'utérus par exemple, et dans l'attente ou en complément du traitement médical, prenez une tasse d'une infusion de 20 g de plante par litre d'eau, en laissant infuser 1/4 h.

En cas de plaie saignante, appliquez dessus, après l'avoir nettoyée, des feuilles fraîches que vous aurez froissées ou légèrement broyées pour en libérer les sucs.

Pour aider à diminuer le taux de sucre dans les urines en cas de diabète, prenez entre les repas 2 tasses par jour d'une infusion de 20 g de plante par litre d'eau.

Si vous êtes enroué, gargarisez-vous 3 fois par jour avec une décoction sucrée au miel de 20 g de plante par litre d'eau.

Contre-indications

Aucune connue.

Lierre terrestre

Glechoma hederacea

Milieu

Le lierre terrestre doit son nom à son habitude de couvrir le sol en rampant à la manière du lierre grimpant. Seules les tiges portant les fleurs sont dressées. C'est une espèce caractéristique des sols riches et frais, voire humides. Il supporte bien l'ombre et se trouve dans les bois ou le long des haies et des chemins.

Culture

Cueillez dès la fin du printemps les sommités fleuries qui commencent à se dessécher. Laissez les finir de sécher à l'abri puis frottez-les entre les mains pour libérer les graines. Semez immédiatement ou au printemps suivant dans une terre bien travaillée en ratissant pour enfouir les graines.

Récolte

Feuilles et fleurs : à la fin du printemps et au début de l'été. Vivace, la plante peut s'utiliser fraîche presque toute l'année.

Propriétés

Son principal mérite est de soulager les sinus et les bronches encombrés de sécrétions. Mais il est efficace contre les maladies du système respiratoire en général, notamment les rhumes, et contre les maux d'estomac. Il soigne également les saignements et les hémorragies et accélère la cicatrisation des plaies. Enfin, il stimule la sécrétion de l'urine et soulage les cystites.

Recettes

Pour soulager les bronches encombrées et passer une nuit tranquille, prenez 1 verre d'une décoction très chaude et sucrée avec du miel d'une poignée de plante fraîche dans 1 litre de lait. Pour donner à un enfant, ne remplissez le verre qu'à moitié et complétez avec du lait.

Pour traiter un rhume, buvez 1 grand bol bien sucré au miel d'une infusion de 20 g de feuilles par litre d'eau.

L'estomac et la digestion sont stimulés en prenant 2 tasses par jour entre les repas d'une infusion de 50 g de sommités fleuries par litre d'eau.

Contre-indications

Aucune connue.

Liseron des haies

Calystegia sepium

Milieu

Cette plante grimpante se trouve aussi bien dans les zones marécageuses que dans les cultures irriguées, les terrains vagues et les jardins des villages et des villes. Elle disparaît durant l'hiver mais pousse très rapidement au printemps avant d'ouvrir de grandes fleurs blanches en entonnoir.

Culture

Les grosses graines se ramassent à l'automne, quand les capsules sèches cassent entre les doigts. Semez-les au printemps à 1 ou 2 cm de profondeur après les avoir fait tremper 24 h.

Récolte

Feuilles : en été. Les racines et les graines ont les mêmes propriétés, mais sont plus difficiles à récolter et à sécher ou à utiliser.

Propriétés

Le liseron des haies est l'un des meilleurs remèdes contre la constipation, car il facilite l'évacuation des selles sans trop irriter les parois de l'intestin, ou du moins en les irritant beaucoup moins que d'autres plantes laxatives. C'est aussi un bon stimulant de la sécrétion de la bile par le foie, facilitant ainsi la digestion des matières grasses. Ses feuilles ont la propriété intéressante de garder assez longtemps la plus grande partie de leurs vertus médicinales quand elles sont bien sèches et conservées à l'abri de l'humidité.

Recettes

En cas de constipation, prenez 2 bols d'une infusion de 10 g de feuilles par litre d'eau. Ce traitement est à faire sur une seule journée seulement.

Pour confectionner un bon remède anti-constipation gardant longtemps ses propriétés, mélangez 10 g de feuilles bien sèches réduites en poudre très fine dans 1 litre de vin cuit genre vermouth.

Pour stimuler l'activité du foie, prenez 3 tasses par jour dont une le matin au réveil et à jeun d'une infusion de 5 g de feuilles par litre d'eau.

Contre-indications

Aucune connue.

Mauve sylvestre

Malva sylvestris

Milieu

Bisannuelle ou vivace, la mauve sylvestre se trouve aussi bien dans les prés et sur les talus que dans les friches et autres zones incultes. Elle ne tolère pas l'ombre, mais se contente d'un sol sec à condition qu'il soit riche.

Culture

Les graines se récoltent à la fin de l'été et en automne. Les fruits restent soudés en une petite couronne et sont à semer tels quels dès la récolte ou au printemps suivant dans une terre travaillée et finement émiettée.

Récolte

Feuilles : au printemps. Fleurs : en été, à ramasser au fur et à mesure au moment de leur ouverture.

Propriétés

La mauve est une plante adoucissante bonne à soulager toutes les maladies provoquant des inflammations des organes, des muqueuses ou de la peau. Elle soigne donc aussi bien les affections du système digestif que celles du système respiratoire ou que les maladies se manifestant par des éruptions sur la peau comme la rougeole ou la scarlatine. C'est également une plante laxative à effet très doux.

Recettes

En cas de couperose, appliquez 2 fois par jour sur le visage des compresses imbibées d'une décoction de 40 g de feuilles par litre d'eau, en laissant bouillir 1/4 h.

En attendant la visite inévitable chez le dentiste lors d'une rage de dent, mâchez une feuille fraîche.

Pour soulager une pharyngite, gargarisez-vous 4 fois par jour avec une infusion très chaude de 40 g de fleurs par litre d'eau.

Toux sèche ou bronchite se soignent en prenant 2 tasses par jour entre les repas d'une décoction de 15 g de fleurs par litre d'eau.

Pour calmer un excès de nervosité, buvez 2 tasses par jour d'une infusion de 20 g de fleurs et de 20 g de feuilles par litre d'eau, en laissant infuser 20 mn au moins.

Contre-indications

Aucune connue.

Millepertuis

Hypericum perforatum

Milieu

Le millepertuis est une plante typique des prairies plutôt sèches, qui se retrouve au bord des chemins, sur les talus, dans les friches et les clairières.

Culture

Récoltez les graines à la fin de l'été, quand les fruits le long des tiges libèrent les graines en éclatant par une simple pression des doigts. Semez aussitôt sur un sol nu et bien émietté, par exemple sur une taupinière dans la pelouse. Mais vous devrez alors traiter la zone comme une prairie fleurie en ne la tondant plus, mais en la fauchant une fois par an à l'automne.

Récolte

Fleurs : à la fin du printemps et au début de l'été.

Propriétés

Excellent pour soigner les bleus, les contusions, les plaies ouvertes et les blessures, le millepertuis désinfecte et soulage les inflammations et aide à la cicatrisation des tissus. Mais il soigne aussi les troubles nerveux, les crises d'angoisses et les états dépressifs légers. Parfois, il est utilisé pour stimuler la production d'urine et soigner certains troubles digestifs.

Recette

Pour soulager les bleus, les contusions, les blessures ouvertes, les brûlures, les douleurs nerveuses ou rhumatismales, les refroidissements, frictionnez les parties du corps concernées avec de l'huile rouge de millepertuis. Cueillez la quantité nécessaire de fleurs, hachez-les, et mettez dans un bocal 1/3 de fleurs bien tassées pour 2/3 d'huile d'olive ou d'amande douce pressée à froid. Placez ce bocal au soleil, sur le bord d'une fenêtre par exemple, et laissez 2 ou 3 semaines en remuant de temps en temps. L'huile prend alors une belle couleur rouge. Filtrez et conservez dans un flacon bien fermé.

Contre-indications

Chez certaines personnes à peau claire, cette plante peut provoquer une sensibilisation de la peau au soleil.

Ortie

Urtica dioica

Milieu

L'ortie est fréquente à proximité de l'homme, poussant dans les lieux vagues, les décombres, au bord des fossés où elle trouve un terrain riche et frais. La brûlure causée par ses feuilles urticantes est connue de tous.

Culture

Les graines se récoltent à l'automne quand les grappes sont sèches, et se sèment aussitôt sur une terre nue enrichie de compost. Attention, il existe des pieds mâles et femelles, les premiers ne portant pas de graines. La plante s'introduit plus facilement au jardin en prélevant quelques tronçons des racines traçantes jaunes.

Récolte

Feuilles et plante entière : au printemps, au moment de la floraison.

Propriétés

Comestibles, ses jeunes pousses riches en fer et en magnésium font de délicieuses soupes ou servent de légume à la manière des épinards. La plante est réputée pour son action soulageant les rhumatismes car elle active le travail des reins. Elle est aussi un bon stimulant du système digestif et soigne les inflammations du système urinaire.

Recettes

Pour calmer une crise douloureuse de rhumatismes, prenez 2 tasses par jour pendant 10 jours d'une décoction de 40 g de feuilles par litre d'eau.

Les courageux, en cas de sciatique, se fouettent l'endroit douloureux avec une poignée d'orties fraîches, puis frottent la zone rouge avec une compresse trempée dans du vinaigre.

Une crise d'urticaire se soigne en buvant 3 tasses par jour d'une décoction de 50 g de feuilles par litre d'eau, que vous aurez laissé bouillir 1/4 h.

Appliquez sur la zone atteinte par un psoriasis une compresse imbibée d'une décoction de 80 g de plante entière pour 1 litre d'eau.

Contre-indications

Ne pas utiliser par voie interne en cas d'œdème dû à une insuffisance cardiaque ou des reins.

Pissenlit

Taraxacum officinalis

Milieu

La fleur jaune du pissenlit illumine au premier printemps les prairies, les bords de route et les pelouses. Il est prospère au soleil ou à mi-ombre dans les sols plutôt riches et frais, supportant bien la tonte, la fauche comme le piétinement.

Culture

Récoltez les graines au printemps, dès que les aigrettes mûres sont prêtes à s'envoler, et semez aussitôt en place dans une terre bien émiettée.

Récolte

Feuilles et racines : au printemps.

Propriétés

C'est l'une des meilleures salades sauvages, véritable cure de verdure dès la fin de l'hiver quand les rosettes se développent et avant que n'apparaisse le bouton floral synonyme d'amertume. En été, elle contient de l'inuline, une substance particulièrement recommandée aux diabétiques. Le nom commun de la plante annonce sa propriété médicinale la plus connue, favoriser la production de l'urine. Mais elle stimule également l'activité du foie et de la vésicule biliaire, ouvre l'appétit et aide à la digestion en activant le travail de l'estomac.

Recettes

En cas de taux d'urée trop élevé dans le sang, buvez 3 tasses par jour d'une décoction de 60 g de racines par litre d'eau.

Pour soulager les varices des jambes, prenez un bain dans une décoction de 20 g de feuilles et 20 g de racines par litre d'eau.

Pour aider à diminuer le taux de cholestérol dans le sang, buvez 3 petits verres par jour, le premier à jeun au réveil, d'une décoction de 100 g de racines par litre d'eau.

Pour retrouver un joli teint, appliquez sur votre visage une décoction de 30 g de racine par litre d'eau en laissant bouillir 1/2 h.

Contre-indications

Ne pas utiliser par voie interne en cas d'œdème dû à une insuffisance cardiaque ou des reins.

Plantain majeur

Plantago major

Milieu

Le plantain aime les milieux plutôt secs et ensoleillés, et se rencontre dans les prairies, les friches, sur les talus et au bord des chemins.

Culture

Les graines se récoltent à partir de l'été, quand les fruits agglomérés sur les épis sont devenus marrons et secs et se détachent facilement sous les doigts. Semez à l'automne ou au printemps, dans une terre bien fine, en ratissant pour enfouir légèrement les graines. Mais sachez, si vous souffrez du rhume des foins, que le pollen de plantain est très allergisant.

Récolte

Feuilles : au printemps à la floraison. Graines : en été.

Propriétés

Les feuilles prélevées avant la floraison peuvent être mangées crues ou cuites en salade ou en légume, à condition d'en retirer les côtes comme on retire le fil des haricots. Elles sont utilisées pour soulager les voies respiratoires encombrées de sécrétions et pour traiter les blessures et les piqûres. Elles stimulent la production de l'urine et nettoient le sang de ses toxines. Deux espèces proches : le plantain lancéolé (*Plantago lanceolata*) et le plantain moyen (*Plantago media*) ont des propriétés semblables.

Recettes

En cas de piqûre d'insecte, frottez l'endroit avec quelques feuilles fraîches froissées ou légèrement broyées pour en libérer les sucs, après avoir retiré le dard s'il était resté dans la peau.

Pour accompagner le traitement médical d'une phlébite, buvez 4 tasses par jour d'une infusion de 50 g de feuilles par litre d'eau.

Pour soulager une bronchite, prendre 2 tasses par jour d'une infusion de 50 g de graines par litre d'eau.

Pour calmer une rage de dent en attendant l'inévitable visite chez le dentiste, faites un bain de bouche avec une infusion de 100 g de feuilles par litre d'eau.

Contre-indications

Aucune connue.

Ronce

Rubus fruticosus

Milieu

La ronce est synonyme de nature agressive, envahissante, inhospitalière. C'est en fait une plante précieuse qui se développe sur les terrains abandonnés par l'homme, précédant leur boisement spontané. Les jeunes arbres peuvent en effet germer et se développer sous son abri avant de la dominer puis de l'étouffer.

Culture

Les graines se récoltent à l'automne quand les baies sont mûres, mais il est bien plus facile d'introduire la plante au jardin en prélevant l'extrémité enracinée d'une tige retombante.

Récolte

Feuilles : au printemps avant la floraison. Fleurs : à la fin du printemps, encore en bouton. Racines : à l'automne.

Propriétés

Le fruit est comestible et délicieux, riche en vitamine C, pouvant se manger cru ou servant à faire des tartes, des confitures, des gelées, des sirops ou des liqueurs. Ces fruits bien mûrs sont très efficaces contre la constipation, alors qu'encore verts ou rouges ils stoppent les diarrhées. La plante soigne aussi les saignements, les plaies, les maux de gorge et la grippe, ainsi que les maladies de la peau.

Recettes

Pour soigner un enrouement ou une extinction de voix, gargarisez-vous 3 fois par jour avec une décoction sucrée au miel et soigneusement filtrée de 100 g de feuilles par litre d'eau en laissant bouillir 1/4 h.

S'il s'agit d'une angine, faites des gargarismes avec une décoction sucrée et soigneusement filtrée de 50 g seulement de feuilles par litre d'eau. Cette même décoction non sucrée est à utiliser plusieurs fois par jour en bains de bouche pour soigner un aphte.

En cas d'inflammation des gencives, faites des bains de bouche avec une décoction de 30 g de feuilles par litre d'eau en ne laissant bouillir que 3 mn.

Contre-indications

Aucune connue.

Le jardin médicinal est une richesse que nous offre la nature, un supplément gratuit. Pas besoin d'outillage spécial pour cultiver les plantes médicinales ou pour les récolter, pas besoin d'installations spéciales pour les faire sécher ou les préparer.

Un hangar, une cabane de jardin, un grenier ou même une simple chambre inoccupée suffisent pour assurer le séchage des différentes espèces au fil des saisons. Quelques sacs en papier à l'intérieur de quelques boîtes à gâteaux en fer sont largement suffisants pour conserver dans de bonnes conditions la plupart des plantes séchées.

Au début, il vous faudra peut-être organiser différemment le travail du jardin pour y intégrer la cueillette des plantes médicinales, mettre des pense-bête pour ne pas oublier que telle espèce se cueille à tel moment. Puis, au fil des années, vous aurez mémorisé ces nouvelles contraintes et vous n'aurez plus à vous poser de questions.

Vous penserez naturellement à ne plus arracher les coquelicots qui germeront au milieu des légumes pour pouvoir cueillir leurs fleurs, et à faire sécher en bouquet les millepertuis introduits dans la pelouse ou les bourses à pasteur arrachés en nettoyant les rangs de carottes.

Quand il faut récolter de nombreuses petites fleurs regroupées en inflorescence dense, comme le millepertuis, il est moins fatigant de cueillir la plante entière, puis de faire le travail confortablement assis.

Le jardinier herboriste

Le calendrier des récoltes

Ce tableau synthétise les informations dont il faut se souvenir pour ramasser les plantes médicinales au moment où elles sont le plus chargées en matières actives. Ce sont des données générales qu'il faut adapter à la fois à la région où se trouve le jardin et aux conditions particulières de chaque année.

Il est évident que la même plante atteindra le stade idéal de cueillette plus tôt dans les régions du Sud que dans les régions du Nord. De même, une saison froide et pluvieuse retardera le moment de la récolte par rapport aux années précédentes, alors qu'une saison anormalement sèche et chaude avancera ce moment.

Absinthe

Feuilles : fin du printemps et début de l'été
Sommités fleuries : début de l'été

Ail

Toute l'année

Artichaut

Feuilles : en été

Bardane

Feuilles : toute l'année
Racines : à l'automne

Bleuet des champs

Fleurs : fin du printemps et début de l'été

Bouillon blanc

Feuilles : toute l'année
Fleurs : en été

Bourrache

Fleurs : de la fin de l'hiver à l'automne

Bourse à pasteur

Toute l'année

Capucine

Feuilles : au printemps
Fleurs : en été et au début de l'automne

Carotte

Feuilles : du printemps à l'automne
Racines : toute l'année

Céleri

Feuilles : du printemps à l'automne

Cerfeuil

Feuilles : toute l'année

Chélidoine

Sève fraîche : toute l'année

Chou

Frais toute l'année

Citronnelle

Feuilles : fin du printemps et début de l'été
Sommités fleuries : fin du printemps et début de l'été

Concombre

Fruit : en été et en automne

Coquelicot

Fleurs : fin du printemps

Fenouil

Feuilles fraîches : du milieu du printemps à l'automne
Graines : fin de l'été et début de l'automne

Fraisier des bois

Feuilles : au printemps
Racines : à l'automne

Géranium herbe-à-robert

Fin du printemps et début de l'été

Laitue

Feuilles : du printemps à l'automne

Laurier sauce

Feuilles : en été

Lavande

Sommité fleurie : fin du printemps et au début de l'été

Lierre terrestre

Feuilles : fin du printemps et début de l'été
Fleurs : fin du printemps et début de l'été

Lilas

Fleurs : au printemps

Liseron des haies

Feuilles : en été

Marjolaine

Feuilles : en été
Sommités fleuries : en été

Mauve

Feuilles : au printemps
Fleurs : en été

Menthe verte

Feuilles : en été et au début de l'automne
Sommités fleuries : en été et au début de l'automne

Millepertuis

Fleurs : fin du printemps et début de l'été

Navet

Racines : toute l'année

Oignon

Toute l'année

Ortie

Feuilles : au printemps

Pervenche

Feuilles : au début de l'automne

Pissenlit

Feuilles : au printemps
Racines : au printemps

Plantain majeur

Feuilles : au printemps
Graines : en été

Poireau

Toute l'année

Rhubarbe

Racines : à l'automne

Romarin

Feuilles : toute l'année
Sommités fleuries : au printemps

Ronce

Feuilles : début du printemps
Fleurs : fin du printemps
Racines : à l'automne

Rosier de Provins

Fleurs : fin du printemps

Sarriette

Sommités fleuries : en été

Sauge officinale

Feuilles : au printemps
Fleurs : fin du printemps et début de l'été

Souci des jardins

Feuilles : au printemps et en été
Fleurs : au printemps et en été

Tanaisie

Sommités fleuries : fin du printemps et début de l'été

Thym

Feuilles : toute l'année
Sommités fleuries : au printemps

Aubier :

au début du printemps

Tomate

Feuilles : du printemps à l'automne
Fruits : en été et en automne

Comment récolter et conserver les plantes médicinales

L'efficacité des plantes médicinales dépend en partie du moment où la partie utile de la plante est ramassée, et de la façon dont elle est cueillie. Vous avez donc intérêt à prendre bien soin d'appliquer les quelques conseils qui suivent.

La cueillette des parties aériennes des plantes se fait par beau temps, quand la rosée ou la pluie de la veille sont évaporées, mais avant que la chaleur et l'ensoleillement de la journée aient flétri les feuilles et les fleurs. Le jardinier herboriste réservera donc de préférence la fin de matinée aux activités de cueillette et de récolte.

Il est important de ne cueillir que des plantes parfaitement sèches. L'une des causes de la dégradation de la qualité des plantes durant le séchage est une humidité superficielle importante, entraînant le développement de moisissures qui altèrent les tissus et leur composition.

Pour que les plantes fraîchement cueillies ne macèrent pas en atmosphère confinée et ne commencent pas à moisir rapidement en cas de forte chaleur, il ne faut pas les enfermer dans un récipient ou un sac en plastique. Il vaut mieux utiliser pour la récolte un panier en vannerie, des sacs en toile ou en papier.

Si vous devez récolter des feuilles, choisissez-les jeunes, bien développées. Cueillez-les avant la floraison de la plante qui généralement mobilise ses réserves et diminue la richesse de ses tissus en principes actifs. Ne cueillez que les feuilles saines et ne touchez pas à celles qui se flétrissent déjà, qui semblent attaquées par une maladie cryptogamique, minées ou dévorées par des insectes.

Les fleurs se cueillent au début de la floraison, quand elles viennent juste de s'ouvrir. Les pétales sont des tissus fins et fragiles, il faut éviter de les écraser entre les doigts durant la cueillette ou de trop les comprimer dans le récipient de transport.

Les racines, rhizomes et autres parties souterraines se déterrent de préférence à l'automne, quand la plante entre en repos végétatif et que les réserves sont maximales. La récolte peut continuer durant l'hiver jusqu'au départ de la végétation au début du printemps. À ce moment-là, les réserves des racines sont mobilisées pour fabriquer les nouvelles feuilles et leur intérêt médicinal est bien moindre. Brossez-les délicatement pour nettoyer la terre qui peut adhérer ou lavez-les sous l'eau en les essuyant bien ensuite, avant de les mettre à sécher. Les racines épaisses gagnent à être fendues en deux avant d'être mises à sécher.

Il est plus simple et moins fastidieux de trier les feuilles au moment de la cueillette, en rejetant celles qui portent des traces d'attaque par les insectes ou par les maladies, plutôt que de s'en préoccuper au moment de les étaler pour les faire sécher.

Préparer les remèdes

Décoctions, infusions et tisanes

La plupart des recettes données dans ce livre sont des infusions ou des décoctions, c'est-à-dire des préparations à base d'eau à partir des plantes séchées ou parfois fraîches. Elles servent aussi bien en voie interne (tisanes à boire) qu'en application externe (gargarisme, lavage, compresse). C'est la façon la plus simple d'utiliser les vertus des plantes médicinales.

L'**infusion** consiste à extraire les molécules actives de la plante par l'eau bouillante. Vous pesez la quantité nécessaire de plante, vous la mettez au fond d'un récipient qui ne soit pas en métal. Vous faites bouillir la quantité correspondante d'eau et vous la versez dans le récipient. Vous laissez infuser une dizaine de minutes en couvrant, puis vous filtrez avec une passoire et la préparation est prête à être consommée.

La **décoction** est une infusion renforcée pour plantes à tissus épais ou coriaces. La plante est pesée puis mise dans l'eau froide, qui est ensuite portée à ébullition et maintenue bouillante 10 mn. Vous retirez ensuite le récipient du feu, vous laissez tiédir avant de filtrer avec une passoire.

Ces recettes générales conviennent à la majorité des tisanes. Quand la plante doit infuser ou bouillir un temps plus court ou plus long, celui-ci est alors indiqué dans les recettes.

Afin de faciliter la dissolution dans l'eau des molécules actives, il est préférable de fragmenter entre les doigts les grandes feuilles, les morceaux de tige ou de racine. Les fleurs aux pétales en général très fins peuvent être laissées entières.

Vous pouvez vous préparer des **tisanes** fraîches à chaque prise, car une partie des principes actifs peuvent être volatils, c'est-à-dire s'évaporer rapidement dans l'air. Mais comme il faut souvent prendre 2 ou 3 tasses, voire plus, par jour, vous pouvez préparer une certaine quantité à l'avance, pour 3 ou 4 jours au maximum, en la gardant couverte et en la réchauffant légèrement avant chaque prise.

Infusions et tisanes peuvent être sucrées, au miel de préférence, notamment pour atténuer certains goûts âcres ou désagréables. Le miel adoucit également les gorges irritées. Seules les préparations destinées à soigner des troubles digestifs, en particulier les troubles intestinaux, gagnent à être bues nature. Sauf indication contraire, les tisanes se prennent quand l'estomac est vide, c'est-à-dire au réveil, ou bien 5 à 10 mn avant les repas.

Les recettes sont données pour une seule plante. Vous pouvez bien sûr mélanger plusieurs espèces ayant des effets analogues ou complémentaires, mais en adaptant alors les quantités et en respectant les modes de préparation de chaque plante.

Par exemple, je fais souvent une tisane de thym, de fleur de coquelicot et de fleur de mauve quand suite à un refroidissement j'ai mal à la gorge. Je prends alors, pour 1 litre d'eau, la quantité de thym nécessaire pour 33 cl et non pour 1 litre, et je fais la même chose avec les deux autres plantes. Le thym se préparant en décoction, je le mets dans la casserole d'eau froide, je le laisse bouillir 10 mn et je verse alors la préparation sur le coquelicot et la mauve qui se préparent en infusion.

Les plantes médicinales séchées doivent être gardées à l'abri de la lumière, de la poussière, de l'humidité et des fortes variations de température. Le plus simple est de mettre les plantes bien sèches dans un sac en papier, bien fermé et stocké dans une boîte en fer blanc. Notez sur chaque sachet le nom de la plante et l'année de récolte. En effet, les vertus médicinales s'estompent avec le temps, et il vaut mieux ne garder les plantes qu'une année, deux au maximum si vous avez raté une récolte. Vous aurez ainsi toujours sous la main la matière première de vos remèdes maison.

Le respect des doses étant fondamental pour la réussite des traitements en médecine par les plantes, vous devez utiliser une balance pesant au gramme près.

Confection d'une tisane dans une cafetière à filtre à piston

Mettez les plantes séchées et pesées au fond du récipient.

Versez la quantité nécessaire d'eau bouillante sur les plantes.

Couvrez avec le couvercle, piston levé, pour laisser les plantes flotter dans l'eau et laissez infuser.

Quand la tisane a suffisamment infusé, abaissez le piston pour plaquer les plantes au fond du récipient.

Versez dans la tasse, sucrez éventuellement au miel, et dégustez quand le liquide a suffisamment tiédi.

Autres modes de préparation

Si les tisanes ne peuvent pas se préparer plus de 3 ou 4 jours à l'avance, certains remèdes peuvent être fabriqués une seule fois pour toute l'année. Le liquide solvant des molécules actives n'est alors plus l'eau, mais de l'huile, du vin ou du vinaigre qui ne connaissent pas de problème de conservation à long terme. Il existe toutefois une méthode pour conserver plusieurs mois une tisane : la confire au sucre, c'est-à-dire fabriquer un sirop.

Certaines plantes demandent à tremper plusieurs heures ou plusieurs jours dans de l'eau à température ambiante pour libérer leurs principes actifs. C'est une macération, dont la durée de conservation n'excède pas quelques jours. Il existe des macérations dans l'huile qui se conservent plusieurs mois, et même plus. Utilisez de préférence une huile végétale de première pression à froid comme l'huile d'olive. Si cette préparation est autant ou plus un produit cosmétique pour soigner la peau qu'un médicament pour guérir une contusion ou une plaie, vous pouvez préférer de l'huile d'amande douce.

Il est possible de fabriquer des pommades, c'est-à-dire des préparations grasses solides et non plus liquides comme l'huile, à base par exemple de beurre et de cire d'abeille. Mais la technique est délicate, prend du temps et s'avère peu pratique pour un usage familial des plantes médicinales.

Les vins médicinaux sont connus depuis l'Antiquité. Ils sont passés de mode depuis longtemps, mais certaines recettes sont restées, plus ou moins modifiées, comme boissons apéritives. Le vermouth est à l'origine un vin médicinal. Choisissez pour faire votre préparation un vin cultivé en agriculture biologique. La viticulture est le secteur agricole qui utilise le plus de produits chimiques à l'hectare, avec parfois plus de 20 traitements en une seule année.

Vin rouge ou vin blanc, c'est une question de goût, mais ce sont traditionnellement des vins rouges qui sont surtout utilisés pour ces préparations. Attention, les doses sont données pour 1 litre, alors que les bouteilles de vin ont une contenance de 3/4 de litre en général.

Les vinaigres médicinaux sont aussi anciens que les vins et survivent dans nos cuisines sous la forme de certains vinaigres balsamiques italiens. Utilisez du vinaigre de vin plutôt que du vinaigre d'alcool plus agressif, sauf indication contraire, et prenez un produit issu de l'agriculture biologique pour les mêmes raisons que le vin. On trouve dans le commerce de petits vinaigriers qui permettent de produire soi-même son propre vinaigre. C'est une façon économique de recycler les fonds de bouteille qui restent après un bon repas et d'être sûr de la provenance des vins. Les pharmaciens d'autrefois utilisaient de préférence un vinaigre de vin contenant environ 6 % d'acide acétique.

Le sirop consiste à faire cuire une infusion, une décoction ou une macération de plante avec du sucre. Si le goût de la préparation est désagréable, ou pour donner un goût qui plaise aux enfants, il est possible d'ajouter un aromatisant comme l'eau de fleur d'oranger. Un bon sirop renferme environ 2/3 de son poids en sucre pour 1/3 de liquide. Il doit être fabriqué de préférence avec du sucre blanc de premier choix.

Préparez une dose de plante suffisante pour 1 litre d'eau et faites une infusion ou une décoction que vous laisserez infuser une matinée dans un récipient couvert. Filtrez et rajoutez éventuellement un peu d'eau bouillie pour obtenir 1 litre de liquide. Ajoutez 5 cl d'eau de fleur d'oranger pour aromatiser, puis 2 kg de sucre. Faites dissoudre au bain-marie, puis mettez dans une bouteille ou des flacons stérilisés par lavage à l'eau bouillante. Fermez bien et conservez au frais.

Certains producteurs artisanaux proposent des sirops alimentaires de coquelicot, de sureau et d'autres plantes sauvages.

Fabrication de l'huile au millepertuis

Cueillez une quantité suffisante de fleurs de millepertuis et hachez-les pour qu'elles puissent libérer toutes leurs molécules actives.

Mettez les fleurs au fond d'un bocal en tassant bien la couche et en veillant à ce qu'elle ne dépasse pas un tiers du volume total.

Versez 2 volumes d'huile d'olive ou d'amande douce pour 1 volume de fleurs, fermez bien le bocal, remuez et mettez au soleil sur le rebord d'une fenêtre ou sur la table de jardin.

Après quelques jours, l'huile vire au rouge, signe que le produit actif, l'hypéricine, s'est bien dissout. Vous pouvez filtrer et mettre en flacon après 3 semaines d'exposition au soleil.

Les feuilles utilisées crues et entières pour des pansements ou des cataplasmes doivent être écrasées, contusées en terme technique, pour libérer leurs sucs. Utilisez pour cela un maillet en bois à attendrir la viande.

Petit pense-bête, quelle plante pour quel usage ?

Les citations dans ce tableau ne renvoient pas aux propriétés générales des plantes mais aux recettes précises données dans les fiches. Les plantes sont citées dans l'ordre des fiches.

Abcès : souci, bardane, bouillon blanc

Acné : laitue, lavande, bardane

Angine : chou, fraisier, sarriette, violette, coquelicot, ronce

Angoisse : marjolaine

Antidouleur : laurier

Aphte : carotte, marjolaine, ronce

Artères encrassées : artichaut, poireau

Artériosclérose : voir **Artères encrassées**

Assainissement d'une pièce : laurier

Ballonnements : sarriette

Blessure : voir **Plaie ouverte**, **Brûlure** ou **Bleu**

Bleu : cerfeuil, citronnelle, pervenche, souci, millepertuis

Bouffées de chaleur : sauge

Bouton de fièvre : cerfeuil, bourrache

Bronchite : chou, navet, sarriette, capucine, violette, coquelicot, lierre terrestre, mauve, plantain

Brûlure : carotte, chou, concombre, souci, millepertuis

Calcul : céleri
Calmant : fraisier, lavande, coquelicot, mauve
Cholestérol : romarin, pissenlit
Constipation : liseron
Contusions : voir **Bleu**
Convalescence : voir **Fatigue**
Coqueluche : laitue
Cor : souci, chélidoine
Coup de soleil : concombre, rosier
Couperose : mauve
Crachat de sang : bourse à pasteur
Cystite : voir **Infection urinaire**

Démangeaisons : cerfeuil, bardane
Dépression légère : romarin
Diabète : ail, oignon, sauge, pervenche, géranium herbe-à-robert
Diarrhée : sarriette
Digestion (stimulation) : lierre terrestre
Digestion (troubles) : fenouil, menthe
Durillon : chélidoine

Eczéma : carotte
Enrouement : géranium herbe-à-robert, ronce
Entorse : tanaisie
Envie de vomir : voir **Nausée**
Estomac (troubles) : angélique, citronnelle
Extinction de voix : chou, ronce

Fatigue : carotte, sauge
Fièvre : ail, bourrache, lilas
Foie (stimulation) : liseron

Gencives (inflammation) : sauge, ronce
Gerçure : violette
Gingivite : voir **Gencives**
Goutte : chou, navet, poireau
Grippe : thym, bourrache

Herpès : voir **Bouton de fièvre**
Hoquet : menthe
Hypertension : ail

Infection urinaire : capucine
Infection : thym

Lumbago : thym

Mal de tête : marjolaine, romarin
Mal des transports : absinthe
Mémoire (stimulation) : romarin
Migraine : voir **Mal de tête**

Nausée : menthe, pervenche
Nerf (douleur) : millepertuis
Nez (saignement) : pervenche, bourse-à-pasteur

Œdème : **Bleuet**

Paupières : voir **Yeux**
Peau (entretien et nettoyage) : concombre, fraisier, tomate, rosier, pissenlit
Pharyngite : mauve
Phlébite : plantain
Pieds enflés : menthe
Piqûre d'insecte : citronnelle, souci, bardane, plantain
Plaie ouverte : ail, chou, citronnelle, thym, souci, bourse à pasteur, géranium herbe-à-robert, millepertuis
Psoriasis : tomate, ortie
Purge : rhubarbe

Rage de dent : tanaisie, mauve, plantain
Refroidissement : millepertuis
Règles (insuffisance, irrégularité ou douleur) : absinthe, capucine, souci, bourse à pasteur

Rhumatismes (crise et douleur) : céleri, navet, laurier, lilas, bouillon blanc, millepertuis, ortie

Rhume : violette, lierre terrestre

Rougeole : bourrache

Saignement interne : géranium herbe-à-robert

Saignement urinaire : pervenche

Sciatique : lilas, ortie

Sédatif léger : voir **Calmant**

Seins (douleur ou engorgement) : céleri, fenouil

Seins (tarissement du lait) : cerfeuil

Sinusite : thym

Sommeil : laitue, marjolaine, bouillon blanc, coquelicot

Spasmes : menthe

Stress : marjolaine

Suée (stimulation) : bourrache

Suées nocturnes (réduction) : sauge

Surmenage : voir Fatigue

Torticolis : romarin

Toux : laitue, navet, thym, bourrache, capucine, violette, bouillon blanc, coquelicot, mauve

Ulcère : souci

Urée (dans le sang) : artichaut, pissenlit

Urine (stimulation de la sécrétion) : céleri, oignon, poireau

Urticaire : ortie

Utérus (spasmes) : menthe

Varices : souci, pissenlit

Verrue : souci, chélidoine

Vers intestinaux : oignon, absinthe, tanaisie

Vertiges : citronnelle, marjolaine

Vésicule biliaire (stimulation) : artichaut

Vomissement (provocation) : violette

Yeux : fenouil, bleuet, violette

Bibliographie

Traité pratique et raisonné des plantes médicinales indigènes par F.-J. Cazin, éd. Asselin, Paris, 1868, réimprimé en 1997 par les éditions Jalons des Savoirs

Un livre écrit par un médecin du milieu du XIXe siècle qui a soigneusement consigné toutes ses observations et le résultat des traitements administrés à ses malades, l'une des bases de la connaissance moderne des propriétés des plantes médicinales :

Se soigner par les plantes par A. et J. Chamouleau, éd. La Maison rustique, Paris, 1983

Fruit de 30 ans d'expériences en médecine par les plantes, cet ouvrage présente méthodiquement un grand nombre de traitements, la plupart composés, contre les affections les plus diverses. Contrairement à la majorité des livres qui présentent les plantes et leurs propriétés médicinales, il présente les maladies et leurs traitements en phytothérapie.

Des hommes et des plantes par Maurice Mességué, éd. Laffont, Paris, 1970

Une autobiographie pour découvrir le parcours de ce phytothérapeute autodidacte qui dans la deuxième moitié du XXe siècle, par le succès de ses traitements et de ses livres, a beaucoup fait pour relancer l'intérêt pour la médecine par les plantes en France malgré l'opposition constante du corps médical.

C'est la nature qui a raison par Maurice Mességué, éd. Laffont, Paris, 1972 et ***Mon herbier de santé***, du même auteur, éd. Laffont, Paris, 1975

Deux livres pour découvrir les plantes que Maurice Mességué utilise et les recettes pour soigner la plupart des maladies bénignes et petits bobos du quotidien.

Santé et bien-être par les plantes par Martine Bonnabel-Blaize, éd. Édisud, Aix-en-Provence, 2002

Un guide pratique rassemblant de nombreuses recettes de médecine naturelle proposées par une herboriste d'aujourd'hui, héritière d'une longue tradition familiale.

Sauvages et comestibles – Herbes, fleurs et petites salades par Marie-Claude Paume, éd. Édisud, Aix-en-Provence, 2003

Un livre répertoire pour apprendre à identifier, à cueillir et à déguster les plantes sauvages comestibles de votre jardin comme de la campagne.

Guide des plantes médicinales par F. Schauenberg et F. Paris, éd. Delachaux et Niestlé, Paris, 2005

Un guide de détermination pour reconnaître, grâce à de nombreuses planches en couleurs, les 400 principales espèces de plantes médicinales poussant en Europe, et pour connaître leurs propriétés thérapeutiques.

Jardinez avec la nature par Vincent Albouy, éd. Édisud, Aix-en-Provence, 2006

Les bases du jardinage écologique pour faire de votre jardin un lieu « pollution zéro » et y prélever en toute confiance vos plantes médicinales.

Adresses utiles

Pour vous procurer les graines de variétés anciennes de légumes ou de fruits, les meilleures en général pour l'utilisation médicinale :

Kokopelli (éditeur d'un catalogue de semences de légumes et de fleurs riche de variétés étonnantes comme de conseils) : Oasis, Impasse des Palmiers, 30 100 Alès, www.kokopelli.asso.fr.

Agrosemens (producteur de semences potagères bio) :
13 100 Le Tholonet, www.agrosemens.bio.

Le Biau germe (graines potagères, florales et condimentaires de culture biologique et biodynamique) : 47 360 Montpezat d'Agenais, www.biaogerme.com.

Germinance (graines potagères, florales et condimentaires de culture biologique et biodynamique) : Les Rétifs, 49 150 Saint-Martin-d'Arcé.

Le Jardin de Sauveterre (Semences et plants de plantes sauvages)
Laboutant, 23220 Moutier Malcard.

Pour ces trois dernières adresses, si vous écrivez pour demander un catalogue, joignez 3 timbres au tarif lettre.

Sources de la photo page 88 :

Denis Bertrand & Elsa Maignan (**Les Jardins de Sortilège**, Ferme de Terran, 31 160 Sengouagnet) fabriquent et vendent une vaste gamme de produits « maison » à base de fleurs, fruits et plantes sauvages : confitures, gelées, sirops, vinaigres, tisanes, onguents et pommades.

Table des matières

Achevé d'imprimer en février 2008
sur les presses de Ferré Olsina, Barcelone

Dépôt légal 1er trimestre 2008

Imprimé en UE